CB077812

a questão judaica contemporânea

coordenação **breno isaac benedykt**

curadoria **lia vainer schucman**
breno isaac benedykt
sergio kon
gita k. guinsburg

Títulos do original: De l'anti-sionisme à l'anti-sémitisme
© Copyright by Calmann-Lévy

colaboração **manoela miklos**

equipe de realização
coordenação textual **luiz henrique soares** e **elen durando**
revisão da tradução e edição de texto **adriano c.a. e sousa**
projeto gráfico **sergio kon**
produção **ricardo w. neves** e **sergio kon©**

CIP-Brasil. Catalogação na Publicação
Sindicato Nacional dos Editores de Livros, RJ

P823d
2. ed.
Poliakov, Léon, 1910-1997
Do antissionismo ao antissemitismo / Léon Poliakov ; tradução Geraldo Gerson de Souza ; nota biográfica Iris Kantor ; prefácio à edição brasileira Flávio Limoncic. - 2. ed. rev. - São Paulo : Perspectiva : IBI, 2025.
160 p. ; 21 cm. (A questão judaica contemporânea ; 3)

Tradução de: De l'antisionisme à l'antisémitisme
ISBN 978-65-5505-264-0

1. Antissemitismo. 2. Questão judaica. I. Souza, Geraldo Gerson de. II. Kantor, Iris. III. Limoncic, Flávio. IV. Título. V. Série.

CDD: 305.8924
25-100281.0 CDU: 316.347(=411.16)

Carla Rosa Martins Gonçalves - Bibliotecária - CRB-7/4782
02/09/2025 03/09/2025

O conteúdo desta obra não necessariamente expressa
a opinião ou o posicionamento público da editora,
do patrocinador ou da equipe de curadores da coleção.

Esta coleção contou com o patrocínio do
INSTITUTO BRASIL-ISRAEL

2ª edição revista

direitos em lingua portuguesa reservados à
EDITORA PERSPECTIVA LTDA.
praça dom josé gaspar, 134, cj. 111.
01047-912 são paulo sp brasil
tel: (11) 3885-8388 – 9 2456-8699
www.editoraperspectiva.com.br
2025

DO ANTISSIONISMO AO ANTISSEMITISMO

LÉON POLIAKOV

geraldo gérson de souza
tradução

flávio limoncic
prefácio à edção brasileira

iris kantor
nota biográfica

Instituto Brasil-Israel

PERSPECTIVA

sumário

nota biográfica

iris kantor[1]

Léon Poliakov nasceu em São Petersburgo em 1910, no seio de uma família judia laica bastante integrada ao ambiente intelectual russo. Seu pai era empresário e editor de revistas e jornais de grande circulação. A Revolução Bolchevique, porém, fez com que a família decidisse emigrar, estabelecendo-se incialmente em Paris e depois em Berlim por alguns anos, onde o adolescente Poliakov aprendeu alemão. Em 1924, retornaram a Paris, onde completou os estudos, licenciando-se na faculdade de Direito.

Aos dezenove anos, o jovem Poliakov engajou-se no serviço militar para estrangeiros. No início da Segunda Guerra Mundial foi capturado pelos alemães, mas liberto rapidamente graças à ação da Resistência

1 Professora do Departamento de História da Universidade de São Paulo (USP).

Francesa. Em 1941, estabeleceu-se em Marselha, onde foi empregado por um rabino ortodoxo como assistente. Nessa mesma época, conheceu Alexandre Kojève, o influente filósofo de origem russa, docente da École Pratique des Hautes Études, personalidade notável que viria a ser um dos artífices da Comunidade Econômica Europeia. Ambos, e Nina Ivanoff, atuaram na Resistência e teceram fortes laços intelectuais.

Ainda durante a guerra, em 1943, Léon Poliakov refugiou-se clandestinamente em Grenoble (com o pseudônimo de Robert Paul), trabalhando para a equipe liderada pelo rabino de origem russa Isaac Schneersohn (1881-1960). O rabino e cerca de quarenta organizações judaicas tiveram a iniciativa de criar um centro de documentação sobre a perseguição aos judeus na França e na Europa. Em sua autobiografia, *L'Auberge des musiciens* (1981), Poliakov comenta:

> Lembro-me que ele [Schneersohn] começou montando um escritório em Grenoble, na rua Bizanet, onde uma meia dúzia de datilógrafos tinham a tarefa de examinar o *Journal officiel* para estabelecer a lista interminável de empresas arianizadas, o que achei inacreditavelmente ridículo, sem entender que tudo tem que começar de algum lugar.

Assim nasceu o Centro de Documentação Judaica Contemporânea, transferido para Paris em 1944 e, atualmente, incorporado ao Memorial da Shoah. Ali, Poliakov tornou-se diretor do departamento de pesquisa, onde teve acesso direto aos arquivos alemães produzidos durante a ocupação nazista da França. Esses arquivos foram confiados a Edgar Faure, advogado que serviu como procurador da França no Tribunal de Nuremberg entre 1945 e 1946. Poalikov assistiu às sessões do tribunal graças às passagens custeadas por Alfred Métraux, notável antropólogo dedicado aos estudos dos povos ameríndios no continente sul-americano.

Ancorado na leitura rigorosa dessa documentação original, Poliakov publicou o *Bréviaire de la haine* pela Calmann-Lévy, em 1951. Hannah Arendt, em sua resenha para o *Commentary* (março de 1952), tece elogios ao seu conhecimento acurado do funcionamento interno da máquina administrativa nazista. Segundo a filósofa, ele teria sido o primeiro a sugerir as conexões entre as experimentações científicas no campo da medicina e os campos de extermínio. Ainda segundo Arendt, sua análise da documentação aprofunda a argumentação que ela mesma desenvolveu em seu livro *Origens do Totalitarismo* (1951).

Poliakov, portanto, tornou-se historiador nos arquivos, alcançando sua titulação acadêmica tardiamente. Em 1964, defendeu sua pequena tese baseada nos registros notariais do Gueto de Roma, sob a orientação de Fernand Braudel e Ruggiero Romano, publicada na coleção da VI Seção da École Pratique des Hautes Études, em 1965: *Les Banchieri juifs et le Saint-Siège du XIII au XVII siècle* (Os Banqueiros Judeus e a Santa Sé do Século XIII ao XVII). No entanto, foi Raymond Aron quem acolheu a tarefa de ser o relator oficial da sua "tese de estado" sobre o antissemitismo europeu entre 1700 e 1850. Ainda nessa época, contou com o apoio dos historiadores Georges Duby, Le Roy Ladurie e Pierre Nora, que o ajudaram a ingressar profissionalmente na carreira acadêmica.

Até finais da década de 1970, foi ativo no CNRS, dirigindo seminários e colóquios sobre temáticas relacionadas com a história do povo, com o antissemitismo e com o racismo. Formou gerações de historiadores e cientistas sociais, entre eles Serge Moscovici, Pierre-André Taguieff e Maurice Olander. No Brasil, a editora Perspectiva iniciou a publicação de suas obras em 1974, traduzindo *O Mito Ariano,* originalmente publicado em 1971. Uma obra de grande impacto, especialmente nos estudos especializados sobre a Inquisição, os cristãos novos e o racismo praticado no mundo ibérico.

Autor de uma obra imprescindível para compreensão do antissemitismo no mundo cristão e católico europeu, desde a Idade Média até a segunda metade do século XX, buscou incessantemente comparar a condição judaica nas sociedades capitalistas e no regime soviético. Sua contribuição pode ser mais bem apreendida a partir da experiência da comunidade de emigrados russos na Europa Central e na França, em particular. Léon Poliakov faleceu em 1997 e, na última fase da sua vida, dedicou-se a entender a história do sionismo e do antissionismo, à esquerda e à direita, tal como essas vertentes ganharam corpo e se disseminaram entre intelectuais e políticos, especialmente após a Guerra dos Seis Dias e a Guerra do Líbano (1967 a 1982). O livro que a Perspectiva reedita agora contribui decisivamente para uma compreensão mais circunstanciada dos horizontes e das expectativas que marcaram a sua geração.

prefácio à edição brasileira

flávio limoncic[1]

O genocídio nazista, na Segunda Guerra Mundial, e a criação do Estado de Israel, em maio de 1948, marcaram profundamente a consciência judaica do século XX. O primeiro constituiu a variante mais abertamente homicida do antissemitismo, tal qual concebido a partir de fins do século XIX; o segundo, ao menos para os próprios sionistas, como evidência da efetividade da sua solução para a crônica incapacidade europeia de integrar os judeus à sociedade, evidenciada por Auschwitz.

O Estado de Israel nasceu em meio a circunstâncias singularmente difíceis: a revelação dos crimes nazistas; a internação de milhares de sobreviventes em campos de refugiados na Europa; a intrincada geopolítica dos anos

1 Professor do Departamento de História da Universidade Federal do Estado do Rio de Janeiro (UniRio).

iniciais da Guerra Fria; a recusa e resistência armada de palestinos e dos países árabes em aceitar a Resolução 181 da ONU, de novembro de 1947, que partilhava a Palestina entre árabes e judeus. Como resultado, o "Estado de Israel realmente existente" resultou da combinação de elementos liberais e socialistas, ideologicamente presentes nas origens do sionismo, mas também do que poderia ser chamado de "sionismo de guerra".

Nas décadas seguintes, renovados conflitos armados contribuíram para a consolidação do "sionismo de guerra" e para a aproximação ideológica de parcelas expressivas da sociedade israelense ao sionismo revisionista de Vladimir Jabotinsky (1880-1940). Liderado a partir dos anos 1970 pelo partido Likud, defensor do maximalismo territorial e do uso da força como forma de controle social sobre os palestinos, o sionismo revisionista teve sua primeira vitória eleitoral em 1977, quando deu início à colonização dos territórios ocupados por Israel na Guerra dos Seis Dias (1967), particularmente da Cisjordânia.

A resposta usual do Estado de Israel às críticas pelo tratamento dispensado aos palestinos tem sido a de associá-las ao antissemitismo. Dado que o preconceito aberto contra judeus teria se tornado politicamente insustentável após o nazismo, o antissionismo e/ou questionamentos a Israel teriam passado a constituir, segundo tal estratégia discursiva, a nova roupagem do velho preconceito. Diante das crescentes críticas à resposta israelense ao ataque terrorista do Hamas, de 7 de outubro de 2023, tal estratégia tem se renovado. Em tal cenário, a reedição de *Do Antissionismo ao*

Antissemitismo, de Léon Poliakov (1910-1997), escrito em 1969 e publicado pela primeira vez no Brasil em 1987, também pela Perspectiva, não poderia vir em melhor hora.

Nascido em São Petesburgo, fundador do Centre de Documentation Juive Contemporaine e pesquisador do Centre National de la Recherche Scientifique, Poliakov publicou estudos clássicos sobre o antissemitismo, como *Colheita do Ódio*, os cinco volumes de *História do Antissemitismo* e *O Mito Ariano*. Nos seis capítulos de *Do Antissionismo ao Antissemitismo*, que cobrem do período anterior à Revolução Russa à Polônia da década de 1960, ele revela que a porosidade das fronteiras entre a oposição à ideia dos judeus como nação, no moderno sentido europeu – tendo, por isso, direito ao seu Estado-Nação, como defende o sionismo – e a oposição aos judeus enquanto judeus – o antissemitismo –, remontam aos primórdios do século XX. Revela, também, que tais fronteiras sempre existiram.

O primeiro capítulo, "Sionismo e Socialismo Antes de 1917", apresenta o argumento central do livro. Tradicionalmente associado às direitas, Poliakov mostra como as esquerdas não estiveram infensas ao antissemitismo e às aproximações deste com o antissionismo. Lênin era, a um só tempo, refratário tanto aos nacionalismos – e, portanto, ao sionismo – quanto ao antissemitismo, num momento em que ambos frequentemente caminhavam de mãos dadas. Stálin, porém, deu de bom grado as mãos aos dois e seu antissionismo tinha fortes raízes antissemitas. A conclusão: "Era assim que, já nos anos heroicos da Revolução, se desenhava, ziguezagueando entre as posições de Lênin e as de Stálin, a fronteira, às vezes da espessura de um fio de cabelo, mas sempre altamente significativa, que separa o antissionismo do antissemitismo" (p. 37).

Conforme configurado nos dias de hoje, o fio de cabelo – ou a porosidade das fronteiras – só pode ser adequadamente compreendido nos quadros do impacto do advento da modernidade sobre os judeus europeus, ainda no século XIX, do genocídio nazista e da criação do Estado de Israel, já no XX.

A modernidade a um só tempo abriu a esses judeus as portas da incorporação social e o acesso à esfera pública, mas os constrangeu com a barreira do preconceito racial, na forma de antissemitismo. Em fins do século XIX, eles se viram, assim, diante do desafio de construir novas comunidades imaginadas, para utilizar o conceito de Benedict Anderson (1983), nem sempre harmoniosas entre si. Daí os embates entre religiosos – tanto os que viriam a ser conhecidos como ortodoxos quanto os reformistas alemães –, que enfatizavam laços comunitários oriundos da Aliança com Deus, os idichistas, que valorizavam laços oriundos da língua e da experiência histórica compartilhada na Europa Central e Oriental, e os sionistas, que afirmavam o laço nacional.

Sob o impacto de uma experiência traumática, o extermínio nazista, e a promessa de um novo amanhã, a criação do Estado de Israel, judeus do mundo inteiro deram início a um reexame de suas identidades e lealdades. O sionismo, a princípio minoritário entre os próprios judeus europeus, fez-se hegemônico entre judeus de todo o mundo, tornando o Estado de Israel uma importante referência afetiva e, sua defesa, um princípio inegociável. O resultado, para os judeus, foi a progressiva imbricação ideológica e institucional entre laços identitários e sionismo e, para os não judeus, a crescente associação entre os judeus e o Estado de Israel.

No momento em que críticas legítimas à ofensiva israelense em Gaza convergem com o recrudescimento do antissemitismo, *Do Antissionismo ao Antissemitismo* mostra toda a sua relevância, mesmo quase sessenta anos após escrito. Judeus e não judeus precisam estar atentos ao fio de cabelo de que falava Poliakov, à distinção entre sionismo, as diversas formas de judaísmo e a judaicidade (condição judaica); entre ser judeu, ser sionista e ser cidadão do Estado de Israel.

Tal distinção é fundamental não apenas do ponto de vista teórico, mas, também, do da luta prática contra o antissemitismo e todas as formas de racismo. O combate ao antissemitismo será muito mais eficaz quando mais judeus e não judeus puderem criticar Israel livremente, sem levarem a pecha de antissemitas. O ex-primeiro-ministro israelense Ehud Olmert, oriundo do Likud, percebendo que a ofensiva em Gaza extrapola os limites do "sionismo de guerra" e do sionismo revisionista, não hesitou em associá-la à experiência concentracionária. O escritor David Grossman foi além, referindo-se a genocídio, tema sensível para um país que ainda hoje abriga mais de cem mil sobreviventes do nazismo. A crítica de ambos, claro está, nenhuma relação tem com antissemitismo travestido de antissionismo, mas está ancorada em valores associados a correntes políticas do próprio sionismo e do Estado de Israel.

Ao mostrar que antissionismo e antissemitismo são fenômenos dinâmicos no tempo e no espaço, *Do Antissionismo ao Antissemitismo* se mostra relevante, também, para pensarmos um fenômeno novo e surpreendente: a apropriação do sionismo e do Estado de Israel pelas extremas-direitas norte-americana e europeia, que nada leva a crer tenham abandonado seu preconceito contra os judeus. No Brasil, bandeiras de Israel também tremulam em manifestações desse campo político, que reivindica valores e palavras de ordem inspirados pela Ação Integralista Brasileira, cujas ramificações antissemitas são amplamente conhecidas.

O antissemitismo e o antissionismo – e a atual onda de filossionismo – são, portanto, fenômenos sociais e históricos bastante complexos, assim como seus usos por diferentes correntes do espectro político. Compreendê-los exige um pensamento igualmente complexo, como diria Edgar Morin. Nas circunstâncias em que vivemos, simplificações e reducionismos constituem, na melhor das hipóteses, ingenuidade; na pior, desonestidade política e intelectual. Ao nos aproximarmos perigosamente de uma nova meia-noite do século, para lembrar a expressão de Victor Serge, não podemos nos dar ao luxo nem de uma, nem de outra, como nos lembra Léon Poliakov com complexidade, erudição, responsabilidade intelectual e compromisso com o mundo.

A Pierre e Arlette

Os intelectuais judeus sem fortuna, hoje, voltam-se, todos, naturalmente, para o socialismo. De qualquer modo, a luta social será travada às nossas custas, pois tanto nos campos capitalistas, como nos campos socialistas, estaremos nos pontos de maior perigo.

THEODOR HERZL, *O Estado Judeu*, 1896.

As inauditas atrocidades dos fascistas alemães, o extermínio total da população judaica que eles proclamaram, e que levaram a termo em muitos países, a propaganda racista, primeiro as injúrias, depois os fornos de Maidanek – tudo isso provocou entre os judeus dos diversos países o sentimento de uma ligação profunda. E a solidariedade dos ofendidos e dos indignados.

ILIÁ EHRENBURG, *Právda*, 21 de setembro de 1948.

prefácio

As discussões apaixonadas que envolvem sempre o problema do Oriente Médio, desde a Guerra dos Seis Dias, giram, em grande parte, em torno das relações dos judeus com o Estado de Israel. Na Europa Ocidental, foi na França que esse debate assumiu maior intensidade. Embora haja judeus entre os defensores do campo árabe e a opinião pública francesa, como um todo, seja pró-israelense, o judaísmo é acusado por diversos lados de preconceito sionista, em termos muitas vezes equívocos, às vezes francamente antissemitas – mesmo que o diabo assim pintado na parede tenha trocado seu nome de "complô judaico" pelo de "complô sionista".

De que forma podemos estabelecer a distinção entre o antissionismo e o antissemitismo? Este livro propõe alguns subsídios para uma resposta, à luz de discussões e lutas políticas do passado, especialmente levantando a história do mito do "complô sionista", fabricado em Praga em 1952 e vinculado pela "conspiração Morgenthau", por exemplo, aos mitos nazistas que o antecederam.

Não escondemos que, como todo o mundo, temos uma posição pessoal sobre o conflito do Oriente Médio, mas fizemos o possível para silenciá-la, a fim de dar primazia à crítica histórica. Esse método, que pode decepcionar alguns leitores sionistas, contribuirá, talvez, para chamar a atenção dos militantes do outro lado, especialmente, os homens de esquerda.

Sob muitos aspectos, a discussão do sionismo lembra o debate secular acerca do judaísmo. Sem remontar até a Idade Média ou ao Século das Luzes, partimos do movimento socialista, no qual os judeus desempenharam um papel tão importante. Esse debate passou ao domínio público logo após a Revolução de Outubro. Pareceu-nos relevante esclarecer que o regime comunista soube conciliar seu antissionismo de princípio com a luta implacável que travava contra todas as formas do antissemitismo, mas isso até o momento dos Grandes Expurgos. Foi em consequência deles, e também, (infelizmente!), por efeito de uma certa osmose hitlerista, que se instalou o clima das perseguições antissemitas stalinistas de 1948-1953. Essa trágica evolução coloca o problema, vastíssimo, das origens profundas do "culto da personalidade", que não nos cabia aprofundar neste estudo. Mas o fato é que, até hoje, o regime soviético não conseguiu desembaraçar-se desse legado stalinista, que continua a pesar organicamente, e com carga total, sobre sua polêmica antissionista. De modo progressivo, tal polêmica se vincula, portanto, sob diversos disfarces de terminologia, àquela que orquestrava as grandes campanhas antissemitas do final do século XIX e do início do século XX. Assim, nosso intuito principal é expor de que maneira, sob o pretexto de uma atitude crítica para com o Estado judaico e seus defensores, uma antiga paixão inspirada no ódio continua a abrir caminho.

No entanto, ela o faz de maneiras diferentes, segundo as regiões e os regimes. No Oriente Médio, a questão antes de tudo é a vontade de destruir o Estado judaico. No Ocidente, a convergência entre antissionismo e antissemitismo é recente e, ao menos seria de esperar, conjectural. Na União Soviética, trata-se de uma tradição do governo, que já conta quase vinte anos de idade e cujo alcance internacional atestam, por exemplo, os recentes acontecimentos e "expurgos" poloneses. Por isso, foi ao problema contraditório da "nacionalidade judaica" na União Soviética que dedicamos a maior parte deste trabalho.

L.P.

1

sionismo e socialismo antes de 1917

Karl Marx, que, até o fim da vida, ignorou a existência de um proletariado judeu, identificava o judaísmo com o capitalismo e qualificava de judaizada a sociedade burguesa de seu tempo. Afirma ele em *A Questão Judaica*: "O dinheiro é o deus ciumento de Israel, diante do qual não deve subsistir nenhum outro deus." Por conseguinte, exortava os judeus a "suprimir sua essência prática", renunciar à sua luta particular em favor da igualdade cívica, e os convidava a se juntar ao campo revolucionário, para trabalhar a favor da emancipação universal do gênero humano. Seus amigos e discípulos, a começar por Engels, anunciaram a existência de milhões de judeus pobres, aos quais naturalmente aplicaram a tese geral: como os operários não têm pátria, era evidente que o proletariado judeu, da mesma forma que os outros, se quisesse romper seus grilhões, devia lutar pelo advento de um mundo melhor e mais racional, sem nações e sem classes. Consideradas clericais e burguesas, a cultura e a religião judaicas pareciam destinadas a um desaparecimento iminente segundo os marxistas das primeiras gerações.

Tal diagnóstico não era exclusivo dos marxistas. No passado, opiniões semelhantes eram sustentadas nos mais diferentes meios, liberais ou reacionários; no mais das vezes, elas caminhavam no sentido de seus desejos e pareciam confirmadas pela observação diária. Na perspectiva da história judaica, o século XIX permanecerá sendo o da emancipação, seguida de uma rápida assimilação às culturas europeias. "Desta vez, o judaísmo estava em vias de uma completa liquidação", afirmou recentemente, a propósito, Maxime Rodinson. E esse marxista se explica da seguinte forma:

> [O judaísmo] se manteve na Europa Ocidental e na América graças ao fluxo permanente dos judeus oriundos de países (Europa Oriental e mundo muçulmano) em que as condições medievais haviam se perpetuado. [...] Mas os recém-chegados não tardavam em seguir a mesma evolução que, antes deles, haviam seguido seus correligionários estabelecidos antes. Contudo, os próprios países de origem, ao ingressarem na esfera do capitalismo ocidental, destruidor dos particularismos, davam sinais de avançar no mesmo caminho. Era possível prever [...] o "fim do judaísmo" como modo particular de vida. Dos homens e mulheres de ascendência judaica, alguns conservariam uma fé entre outras.

> Alguns, ao contrário, se fundiriam com a grande sociedade, como muitos de seus semelhantes haviam feito no passado, com graus diferentes de apego sentimental a uma tradição particular que tivera suas glórias. Muitos acabariam mesmo por esquecer essa ascendência.[1]

No que diz respeito à Europa Ocidental, pelo menos, a análise está certamente correta. "Não há por que tal linha de evolução ser considerada catastrófica", conclui Rodinson. O fato é que, antigamente, ela parecia até muito desejável, tanto aos defensores da ordem estabelecida, como aos ideólogos da revolução.

Em primeiro lugar, aos governantes tsaristas, que tradicionalmente propugnavam uma política de russificação forçada. A fórmula de Pobedonóstsev, procurador do Santo Sínodo, ficou famosa: "Um terço dos judeus emigrará, um terço morrerá, um terço se converterá." A solução parecia bastante urgente, já que o império russo abrigava mais de cinco milhões de judeus, a metade da população judaica do mundo inteiro, concentrados principalmente na Polônia e na Ucrânia, onde constituíam mais de 10% da população. Podemos acrescentar que a política dos tsares não era "racista", na medida em que os judeus convertidos à ortodoxia adquiriam, dessa forma, plenos direitos civis e não mais eram objeto de qualquer discriminação. Sob esse aspecto, a tradição *pravoslave* era idêntica à tradição, milenar, da Igreja Católica. Todavia, nos países mais adiantados da Europa

1 Prefácio a A. Léon, *La Conception matérialiste de la question juive*, Paris, 1968, p. XL-XLI.

Ocidental e Central e, em particular, nos países germânicos, onde se desencadeavam as campanhas antissemitas, a sociedade burguesa já manifestava a tendência, pré-racista se quiserem, de se manter afastada dos judeus, mesmo dos convertidos. Contudo, é mais importante conhecer as reações e as aspirações dos próprios judeus, nessa etapa crucial de sua história.

Eram variadas e facilmente contraditórias; mas, no essencial, duas grandes tendências se desenhavam, cuja separação se fazia tanto geográfica quanto socialmente. Na Europa Ocidental e Central, os judeus, relativamente pouco numerosos, haviam alcançado excelentes posições econômicas e exerciam sobretudo os ofícios comerciais e intelectuais, em suma, "burgueses"; culturalmente assimilados, professavam da melhor maneira os ideais ou os valores dos países em que nasceram e, na maioria das vezes, comportavam-se como fervorosos patriotas desses países, à moda do século XIX. Uma parte, lembra Rodinson, virará as costas à religião ancestral; outra parte parecia prestes a fazê-lo ou procurava reformar o culto judaico, segundo o modelo dos cultos cristãos. Confiantes no progresso humano, uns e outros esperavam que o antissemitismo acabasse no esquecimento juntando-se às outras superstições medievais e, dessa forma, eles próprios se converteriam em cidadãos tão honrados quanto os cristãos, também no plano das relações sociais (pensemos nas descrições de Proust!).

Em contrapartida, as densas judiarias da Europa Oriental permaneciam constituídas em nação *sui generis*, separada das populações circunvizinhas, para além da tradição religiosa, por língua, cultura e costumes, sobressaindo-se dessas populações, na maioria das vezes ainda analfabetas, por seu grau de instrução, e pouco inclinada a se assimilar, visto que tinha muito a oferecer-lhes e pouco para receber. Mas os empregos da maioria eram humildes; a miséria, cruel, e o velho ofício judaico, que consiste em "viver de ar" (*luftmensch*), não era o menos difundido. Por sua vez, as leis de exceção e os *pogroms* serviam de fermento, mantendo os judeus do Leste em permanente efervescência e estimulando o velho sonho messiânico, seja sob sua forma tradicional, aquela onde incumbe ao Todo-Poderoso enviar um redentor à terra, seja (coisa já mais frequente) sob formas laicizadas, como o socialismo ou o sionismo, que exortavam aos próprios homens que se encarregassem do seu destino.

Ilustrou bem esse contraste entre o Ocidente e o Oriente a diferença de reação dos judeus, quando, em 1896, Theodor Herzl lançou seu programa de sionismo político. A história, pouco conhecida, merece melhor consideração, pois poucas questões existem sobre as quais se escrevem e se pensam, atualmente, tantas besteiras.

Herzl era um escritor austríaco, profundamente assimilado, que concebeu seu projeto sionista logo em seguida à condenação do capitão Dreyfus. Escreve à época:

> Quanto mais tardar a manifestar-se o antissemitismo, com maior virulência explodirá. De um lado, a infiltração de imigrantes judeus atraídos por uma aparente

> segurança e, de outro, a crescente ascensão dos judeus se compõem com a violência e conduzem à catástrofe.[2]

A seu ver, tratava-se, portanto, de um mal europeu sem esperança, e o genocídio hitlerista iria dar razão a esse visionário. Mas, aos poucos, começou a se perder em ilusões. O "Estado judeu" que ele concebia deveria constituir-se por uma decisão das grandes potências, e ser financiado pelos judeus ricos. Ora, as potências ficaram indiferentes, até hostis (a propaganda sionista foi proibida pelas autoridades russas: o primeiro congresso sionista de 1897 inspirou-lhes a provocação policial dos *Protocolos dos Sábios de Sião*); quanto aos filantropos judeus, com ajuda da maioria dos rabinos, aplicaram-se a dificultar a propaganda e as negociações de Herzl. Os Rothschild, o barão de Hirsch e outros magnatas, que gastavam bilhões no auxílio à instalação dos judeus em outros locais, não queriam nem ouvir falar de "Estado judeu", ideia a seus olhos utópica e perigosa.

Não seria demasiado insistir nisso: o projeto de Herzl teria mergulhado rapidamente no esquecimento, não fosse a participação entusiasta e maciça dos judeus do Leste, que se consideravam judeus, não em virtude do decreto antissemita, mas espontânea e ingenuamente, como os franceses sentiam-se franceses, e os tchecos, tchecos. Em especial no império tsarista, é a mesma geração que, diante de uma miséria material e moral sem solução, marcada por *pogroms* cada vez

2 Introdução a *O Estado Judeu*.

mais frequentes, viu erguerem-se os grandes paladinos de uma mudança radical, os Weizmann e os Ben-Gurion – ao mesmo tempo que os Trótski e as Rosa Luxemburgo, arcanjos do internacionalismo integral.

Uns se propunham a transformar totalmente a condição dos judeus; outros desejavam metamorfosear a sociedade em seu todo. Esse contraste entre o nacionalismo e o universalismo talvez não fosse novo: por exemplo, pode-se pensar, como o poeta Pasternak, na velha oposição entre o particularismo judaico e o universalismo cristão. O projeto sionista era menos ambicioso que o projeto socialista, mas se julgarmos a árvore pelos seus frutos, poderia ter testemunhado um realismo melhor.

▪▪▪

As relações entre o sionismo e o socialismo, menos distantes no passado do que comumente se acredita, foram marcadas por inúmeras tentativas de conciliação e por passagens de um campo para o outro. Já na pré-história do comunismo, Moses Hess, mais velho que Marx e seu prenunciador[3], depois de ter sido um apóstolo da revolução mundial, chegou, na velhice, a militar

▪▪▪

3 Em 1841, escreve Moses Hess a um amigo: "O dr. Marx é um jovem de 24 anos no máximo, que dará o golpe de misericórdia na religião e na política medievais. A um espírito filosófico imenso e sério, conjuga a ironia mais mordaz: imagine Rousseau, Voltaire, Holbach, Lessing, Heine e Hegel não reunidos, mas misturados numa única pessoa, e você terá o dr. Marx." Ver L. Poliakov, *Histoire de l'antisémitisme, t. 3: De Voltaire à Wagner*, Paris: Calmann-Lévy, 1968, p. 419n. (Trad. bras.: *De Voltaire a Wagner*, São Paulo: Perspectiva, 1986.)

em favor do retorno à terra prometida. Conversão de outro tipo foi a de Vladimir Medem-Goldblatt, nascido na religião grega ortodoxa, que aprendeu o ídiche ao ingressar na idade adulta e tornou-se o grande organizador do Bund, o partido marxista judaico.

A experiência mostrou aos propagandistas do marxismo na Rússia que, para mobilizar as massas populares, era preciso falar-lhes em sua língua materna. A *Grande Enciclopédia Soviética* de 1932 informa-nos que o Bund foi fundado em Vilna, em 1897 (no mesmo ano que a organização sionista), e que, no ano seguinte, representou um papel importante no Primeiro Congresso do Partido Social-Democrata Russo (POSDR), onde defendeu a fórmula federativa – a mesma que foi adotada, definitivamente, pela União Soviética atual[4]. Por sua vez, Lênin militava por um partido fortemente centralizado: as discussões e as polêmicas que decorreram daí colocaram a "questão nacional" em primeiro plano, sobre o que os teóricos do marxismo pouco se preocuparam no início.

Marx e Engels se contentaram em proclamar, no *Manifesto do Partido Comunista*, que os trabalhadores não tinham pátria; o nacionalismo era o preconceito burguês por excelência. Para seus discípulos alemães ou franceses, tais problemas não apresentavam importância prática. Acontecia de modo diferente nos Estados multinacionais do Império Austro-Húngaro e da Rússia. Os marxistas austríacos Renner e Bauer propuseram

4 *Grande Enciclopédia Soviética*, t. 24, 1932, col. 102s. ("O Movimento Operário na Rússia".)

uma doutrina: cada proletariado nacional devia organizar-se de maneira autônoma e mesmo no futuro longínquo a sociedade comunista por vir, concebida por Bauer, seria "um agrupamento da humanidade em sociedades nacionais autônomas". Mas o que era uma nação? "Uma comunidade de caráter relativo", respondia Bauer, constatando que os judeus do Leste constituíam uma[5]. Na essência, as teses de Medem-Goldblatt e dos outros ideólogos do Bund também eram assim.

Lênin adotou uma posição intermediária, porém complexa. Visceralmente hostil às ideologias nacionais, tanto quanto ao antissemitismo, admitia que essas ideologias eram difíceis de desarraigar; portanto, preconizava que se levasse em conta o direito que têm as nações de disporem de si mesmas, mas recusava na época conceder aos judeus o estatuto de nação. Na realidade, a polêmica se inseria no quadro daquela, igualmente importante para Lênin, que, em 1903, desembocou na cisão entre bolcheviques e mencheviques, para os quais pendiam os partidários do Bund e, nesse clima de crise, sem dúvida, ele também se deixara guiar por motivos de ordem tática. Exclamava ele: "A ideia de um povo judeu separado é reacionária quanto à política e cientificamente insustentável." Em seu apoio, invocava "provas empíricas irrefutáveis", que ia buscar nas realidades da Europa Ocidental, especialmente na França, baseando-se nas opiniões burguesas de Ernest Renan e de Alfred Naquet. Concluía, portanto,

5 Karl Renner [1899], *Staat und Nation*; Otto Bauer [1907], *Die Nationalitaetenfrage und die Sozialdemokratie*.

acreditando em Naquet[6], que a ideia de uma nação judaica era "uma ideia sionista absolutamente falsa e reacionária em seu princípio": "A ideia de uma 'nacionalidade judaica' empresta um caráter nitidamente reacionário não só a seus adeptos consequentes (os sionistas), como também àqueles que tentam conciliá-la com as ideias da social-democracia (os partidários do Bund)."[7]

Essa profissão de fé remonta à maior crise da vida emigrante de Lênin: pouco depois, em minoria em seu próprio partido, iria refugiar-se em esplêndido isolamento na Suíça. Sua polêmica com Medem-Goldblatt e seus outros camaradas do Bund continuava esporadicamente, ao longo dos anos. Em suas *Notas Críticas Sobre a Questão Nacional*, de 1913, censurava-os por quererem inverter as rodas de uma história da qual ele esperava a rápida e universal abolição de todos os

■ ■ ■

6 Lênin cita um artigo de Naquet publicado recentemente em *La Petite République*. Afirma ele: "E também palavra por palavra o que escreve um judeu francês, o radical Alfred Naquet, polemizando com os antissemitas e os sionistas." Ao falar de Bernard Lazare, um notório sionista, diz ele: "Se lhe aprouver considerar-se como cidadão de um povo especial, é problema seu; quanto a mim, declaro, eu que nasci judeu [...], que não reconheço nacionalidade judaica [...] não tenho outra nacionalidade a não ser a nacionalidade francesa [...] Será que os judeus constituem um povo? Embora tenham constituído um povo num passado há muito desaparecido, respondo categoricamente: Não! [...] Os judeus alemães e franceses são totalmente distintos dos judeus poloneses ou russos. Suas características próprias não têm, aliás, nada que leve a marca de uma nacionalidade [...]."

E cabe a Lênin concluir: "Quase não resta aos partidários do Bund outra coisa senão elaborar a ideia de uma nacionalidade particular dos judeus russos cuja língua é o 'ídiche' e cujo território a zona de residência." (A Situação do Bund no Partido, *Obras*, t. 7, Moscou, 1956, p. 98.)

7 A Situação do Bund no Partido, *Iskra*, out. 1903.

particularismos. "Lutar *contra* toda espécie de opressão nacional – sim, categoricamente. Lutar *a favor de* toda espécie de desenvolvimento nacional, a favor da 'cultura nacional' em geral – não, categoricamente." De passagem, formulava alguns pensamentos sobre a cultura judaica, da qual falava com uma espécie de ternura:

> A cultura nacional judaica é o lema dos rabinos e dos burgueses, o lema de nossos inimigos. Mas existem outros elementos na cultura judaica e em toda a história do judaísmo. Dos dez milhões e meio de judeus do mundo inteiro, um pouco mais da metade vive na Galícia e na Rússia, países atrasados, semisselvagens, que mediante a *violência* mantêm os judeus numa situação de casta. A outra metade vive no mundo civilizado, onde não existe a segregação dos judeus. Aí se manifestaram claramente os traços grandiosos (*velikiia tcherti*), universalmente progressistas, da cultura judaica: seu internacionalismo, sua sensibilidade aos movimentos de vanguarda da época (em toda parte, a proporção de judeus nos movimentos democráticos e proletários supera a proporção de judeus no seio da população em geral).[8]

Mas, na realidade, a quem criticava estas *Notas Críticas* de Lênin? Não seria a Stálin, que, alguns meses antes, publicara seu primeiro grande artigo, "O Marxismo e a

8 Notas Críticas Sobre a Questão Nacional, *Prosviechtienie*, out.-dez. 1913.

Questão Nacional"? Lênin abstinha-se de comentar, até mesmo de citar[9], o escrito de seu tenente, assim como não teria deixado de fazê-lo, se lhe tivesse encontrado o menor mérito: tudo leva a crer que julgara esse trabalho pelo que valia, mas evitava falar disso, para não ferir a suscetibilidade de seu "georgiano milagroso". A cultura geral do estrategista e teórico marxista permitia-lhe apreciar o papel histórico do judaísmo e os "traços grandiosos" da cultura judaica; a incultura do ex-seminarista aflorava a cada passo, tornando-o incapaz de distinguir entre cultura e religião, e definia em substância os judeus pela "religião e pela origem comum" – em termos claros, pela "raça":

> Os judeus vivem, sem dúvida alguma, uma vida econômica e política comum com os georgianos, os daguestaneses, os russos e os estadunidenses, numa atmosfera cultural comum com cada um desses povos; isso não pode deixar de imprimir uma marca em seu caráter nacional; e se lhes restou algo de comum foi a religião, sua origem comum e certos vestígios de seu caráter nacional. Tudo isso é inegável. Mas como se pode

▪▪▪

9 Os artigos de Stálin e de Lênin foram publicados na revista *Prosvétchtenie*, nas edições de fevereiro-maio e outubro-novembro de 1913, respectivamente. Em seu texto, Lênin citava, a partir do artigo de Stálin, a tradução russa do programa nacional do Partido Social Democrata austríaco: dava como referência *Prosvétchtenie*, indicando o número e a página, mas evitando citar o nome de Stálin. Em carta para Górki, havia manifestado antes seu ceticismo com respeito às capacidades intelectuais de Stálin. "Temos aqui um georgiano milagroso [*tchudesni gruzin*] que, depois de reunir todos os materiais austríacos e outros, resolveu compor um grande artigo para o *Prosvétchtenie*." (Fevereiro de 1913.) Era de uma refinada ironia.

> afirmar seriamente que os ritos religiosos calcificados e os vestígios psicológicos que se desvanecem, influem sobre o "destino" dos judeus com maior força do que o meio social, econômico e cultural que os cerca? Ora, somente a partir dessa hipótese é que se pode falar dos judeus em geral como de uma nação única. Então, o que distingue a nação de Bauer do "espírito nacional" místico e autossuficiente dos espiritualistas?

Um dos capítulos do artigo de Stálin era dedicado especialmente ao Bund:

> O que então distingue o Bund dos nacionalistas burgueses? A social-democracia luta para que se institua um dia de descanso semanal obrigatório, mas o Bund não fica satisfeito com isso. Exige que, "pela via legislativa", se "assegure ao proletariado judeu o direito de festejar o sábado e que ao mesmo tempo seja abolida a obrigação de festejar um outro dia". É preciso crer que o Bund dará "um passo à frente" e reivindicará o direito de celebrar todas as velhas festividades judaicas [...] Por conseguinte, pode-se compreender muito bem os "discursos fervorosos" dos oradores da 8ª Conferência do Bund, exigindo "hospitais judeus", reivindicação baseada no fato de que "o doente sente-se melhor entre os seus" [...] Guardar tudo o que é judeu, conservar todas as particularidades nacionais dos judeus, inclusive aquelas manifestamente prejudiciais ao proletariado, isolar os judeus de tudo o que não é judaico, fundar até hospitais especiais, eis até onde o Bund decaiu!

Ainda em 1921, Stálin agitava o espectro do Bund, para fazer que a 10ª Conferência do Partido rejeitasse uma emenda relativa à autodeterminação dos quirquizes e dos baschquires: "Devo dizer que não posso aceitar essa emenda, porque ela cheira ao Bund. Autodeterminação nacional e cultural – é uma fórmula do Bund. Há muito que dissemos adeus aos lemas nebulosos de autodeterminação e não vamos ressuscitá-los agora."[10]

Lênin nunca se servia de argumentos vulgares como esses e julgava as pessoas, fossem russos ou judeus, segundo seu mérito[11]. Continuava hostil ao sionismo, e sem dúvida as conversas que teve com Górki no verão de 1922 (relatadas por terceiros[12]) refletem as razões fundamentais dessa hostilidade: "Lênin proferiu palavras excessivamente violentas contra essas pessoas que projetavam formar um novo Estado e um exército a mais num mundo onde já havia Estados e exércitos demais." Era o internacionalista Lênin que falava desse modo, e percebe-se que lhe passava pela ideia condenar os sionistas na qualidade de "colonialistas" ou "lacaios

■ ■ ■

10 J. Stálin, Les Tâches immédiates du parti dans la question nationale, *Le Marxisme et la question nationale et coloniale*, Paris, 1953, p. 136.

11 Segundo suas conversas, como as relatava Górki: "Somos um povo de talento em geral, mas de espírito preguiçoso. O russo inteligente é quase sempre judeu ou um homem que tem sangue judeu nas veias." M. Gorki, *Lénine et le paysan russe*, Paris, 1924, p. 20.

12 Nas memórias do sionista S. Hepstein, citadas por J. Margoline, L'Anéantissement du sionisme en Union soviétique, *Problèmes soviétiques*, n. 1, v. 1, p. 81. Hepstein relata que Górki recebera a incumbência de seus amigos judeus, especialmente de seu editor Z. Grjebin, de esclarecer Lênin sobre os objetivos construtivos do sionismo. Górki tinha por hábito fazer intervenções humanitárias de toda ordem junto a seu velho amigo Lênin.

do capitalismo", associá-los às manobras, muito reais na época, do imperialismo britânico.

Era assim que, já nos anos heroicos da Revolução, se desenhava, ziguezagueado entre as posições de Lênin e as de Stálin, a fronteira, às vezes da espessura de um fio de cabelo, mas sempre altamente significativa, que separa o antissionismo do antissemitismo.

2

da revolução de outubro aos grandes expurgos

A 31 de março de 1919, em plena guerra civil, Lênin mandava gravar em disco oito proclamações, destinadas a esclarecer o povo russo sobre as questões vitais do momento. A oitava proclamação era inteiramente dedicada ao antissemitismo. "Tenho vergonha do tsarismo maldito, que atormentava e perseguia os judeus! Tenho vergonha daquele que semeia o ódio aos judeus, que semeia a inimizade entre as nações!"[1] À época, os antissemitas do campo branco propagavam o lema: "Combata os judeus, salve a Rússia!"[2] O apelo encontrava ouvidos atentos em todos os meios, penetrava

■ ■ ■

1 Sobre a Perseguição e os "Pogroms" dos Judeus, *Obras Completas*, 4. ed. russa, t. 29, Moscou, 1955, p. 227-228.

2 *Biéi jidov, spassai Rossiu.*

por osmose em todos os campos e dava crédito à lenda de uma "revolução judaica", na qual irão inspirar-se, mais tarde, os fascismos.

Na verdade, os judeus nunca foram muito numerosos no seio do partido bolchevique. No antigo partido social-democrata, já o vimos, as simpatias dos revolucionários judeus iam para o Bund e os mencheviques. Nenhum outro, exceto Stálin, tornava público, em 1907, o gracejo equívoco: "Um bolchevique (o camarada Alexinski, creio) disse, brincando, que os mencheviques eram uma facção judaica, enquanto os bolcheviques eram verdadeiros russos, e que seria uma boa ideia que nós, bolcheviques, fizéssemos um *pogrom* no seio do partido."[3]

Mas, a partir de 1918, o nome de Trótski, chefe do exército vermelho, transformara-se num símbolo e a difusão pela propaganda branca dos *Protocolos dos Sábios de Sião* fazia o resto[4]. Pouco importava que apenas uma pequena minoria dos quadros dirigentes bolcheviques fosse de origem judaica[5], imensas

▪▪▪

3 Relatório de Stálin ao V Congresso do Partido Social-Democrata, *Obras*, ed. russa, Moscou, 1946, t. 2, p. 50-51.

4 Ver Norman Cohn, *Histoire d'un mythe: La "Conspiration" juive et les Protocoles des Sages de Sion*, Paris, 1967, capítulo V ("Os 'Protocolos' na Rússia").

5 A questão do papel dos judeus na Revolução de Outubro, tema primordial da propaganda hitlerista, continua emaranhada por paixões de toda ordem. A propósito, existe uma indicação bastante precisa, que, ao nosso ver, passou totalmente despercebida.

Ao procurar salientar o papel dos judeus em 1935 ou 1936, afirmou Sêmion Dimanschtein: "Os trabalhadores judeus constituíram um fator importante da Revolução, figuravam nas primeiras fileiras do movimento revolucionário, desde a sua gênese. Por testemunha, a composição nacional dos acusados nos processos políticos, desde os *narodovoltsi* até os últimos anos do tsarismo. E bom lembrar que mais de ▸

mortandades ensanguentaram o solo russo. As populações judias, no início tão divididas, com relação à ditadura do proletariado, quanto as outras populações da União Soviética, pouco a pouco passaram a julgar seus méritos mais em termos de vida e morte do que em termos de classe. Os bolcheviques eram o mal menor; simpatias mitigadas surgiam até no campo da ortodoxia talmúdica: "Perguntaram uma vez a um patriarca judeu sua opinião sobre os sovietes: 'Penso o que penso', respondeu ele. 'Mas pedirei a Deus que os faça durar até a chegada do Messias.'"[6] A anedota parece ao mesmo tempo verdadeira e um achado.

Nos anos heroicos da Revolução, as tendências centrífugas das minorias alógenas (separatismo ucraniano, rebeliões georgianas etc.) complicavam de maneira singular a consolidação do regime bolchevique. Os grandes-russos não se haviam desfeito de um dia para o outro do velho hábito imperialista. No final de 1922, afirma:

> Quase sempre nos tornamos culpados, por meio da história, de uma infinidade de violências, mais ainda,

▪▪▪

▷ 25% dos membros da antiga sociedade dos deportados e forçados políticos eram judeus, ainda que sua porcentagem na população geral da Rússia não ultrapassasse os 4%. Na antiga sociedade dos velhos bolcheviques, os judeus contavam mais ou menos 10%." S. Dimanschtein, *A Região Autônoma Judaica, um Filho da Revolução de Outubro* (em russo), Moscou, 1936, p. 8.

Essas porcentagens, *anteriores* aos Grandes Expurgos, podem ser consideradas precisas, e refletem tanto o grande papel que os judeus assumiram nos movimentos revolucionários (mais de 25%) quanto sua reticência com respeito ao bolchevismo de Lênin (10%).

6 Armen Ohanian, Dans la sixième partie du monde, *Voyage en Russie*, Paris, 1928, p. 209.

> cometemos uma série de injustiças e exações sem nos apercebermos disso [...] Não se ouve o polonês, o tártaro, o ucraniano, o georgiano e os outros alógenos do Cáucaso falarem entre si a não ser por apelidos pejorativos, como *poliatchitchika*, *kniaz*, *khokhol*, *kavkazki tchélovek*;[7]

É preciso ser russo para captar as nuanças desse humor popular, grosseiro e bonachão, mas que não se encontra mais no infamante *Jid*.

Muitos tenentes de Lênin se conduziam na época como russificadores abusivos. Mais uma vez, cada palavra, cada advertência vale aqui seu peso em ouro, afirma ele:

> Será que tivemos bastante cuidado em tomar algumas medidas para defender realmente os alógenos contra o típico beleguim russo? Eu acho que não tomamos essas medidas, embora pudéssemos e devêssemos fazê-lo. Penso que nesse caso o ódio de Stálin e seu gosto pela administração desempenharam um papel nefasto. Temo também que o camarada Dzerjinski [...] tenha-se distinguido até aqui, essencialmente, por seu estado de espírito 100% russo (sabe-se que, quase sempre, os alógenos russificados forçam a barra nesses casos).[8]

As realidades da antiga "prisão das nações" tsarista, envenenadas aqui e acolá pelos pendores policialescos dos Stálin em potencial, levaram o partido bolchevique

■ ■ ■

7 Lênin, *Questões de Política Nacional e do Internacionalismo Proletário*, Moscou: Progrès, 1968, p. 241.

8 Ibidem, p. 239.

a adotar a fórmula e a constituição federal que continua sendo a da União Soviética até hoje. (Para um Lênin que esperava para logo a revolução mundial, sem dúvida tratava-se apenas de um expediente mais ou menos provisório; por isso, parece mais notável a atenção que ele dava à questão.) Sob a ditadura do proletariado, houve uma era durante a qual o governo soviético se preocupava com absoluta seriedade em facultar a mesma justiça aos judeus que aos georgianos e aos baschquires, e a estes a mesma que aos grandes-russos, e essa era durou praticamente até os Grandes Expurgos: "A maioria dos judeus são operários, trabalhadores. São nossos irmãos, oprimidos como nós pelo capital. São nossos camaradas [...] Os judeus ricos, como os russos ricos, como os ricaços de todos os países, unidos entre si, oprimem, roubam os operários e semeiam a cizânia entre eles."[9]

No entanto, o caso dos judeus suscitava uma dificuldade particular, porque, distribuídos de modo desigual através dos territórios da União Soviética, eram majoritários apenas aqui e acolá, na escala das vilas e aldeias; portanto, era impossível criar uma república federada judaica em um único território. Outra dificuldade, comum a outras populações alógenas, era que as massas judaicas não conheciam o russo, ao passo que os dirigentes bolcheviques ignoravam o ídiche: "Não conseguíamos encontrar um escritor judeu disposto a traduzir a literatura bolchevique [...] encontramos dois antigos emigrados, um dos quais não sabia russo

9 Lênin, Sobre a Perseguição e os "Pogroms" dos Judeus, op. cit.

e o outro não sabia ídiche: demos-lhes dicionários e fizemo-los traduzir artigos."[10]

A educação política dos judeus provocava no princípio as mesmas dificuldades que a dos usbeques e dos baschquires.

Tais dificuldades foram superadas. No quadro do Comissariado das Nacionalidades, foi criada uma "Seção Judaica" (Ievsektsia), encarregada de "levar a ditadura do proletariado à rua judaica". Em outubro de 1918, o comissário Dimanschtein elaborava um programa: "Já que somos internacionalistas, não estabelecemos tarefas nacionais particulares, mas unicamente tarefas de classe, como proletários. Já que falamos nossa própria língua, devemos observar que as massas judias possam satisfazer nesta língua as suas necessidades culturais."[11]

Os quadros da Ievsektsia pouco a pouco se foram povoando de antigos partidários do Bund ou sionistas-socialistas, adeptos do regime. O trabalho se organizou. Segundo as diretrizes das autoridades supremas de Moscou, foram instituídos prefeituras judaicas e tribunais judaicos nas localidades em que os judeus constituíam a maioria da população. Em qualquer outra parte, tinham acesso aos jornais e livros publicados em ídiche (com a exclusão estrita do hebraico): obras-primas da literatura mundial, contistas populares, assim como grandes textos marxistas e propaganda comunista. Em 1935, havia na União Soviética dezoito jornais diários judaicos (um em

■ ■ ■

10 Prefácio de S. Dimanschtein a S. Agursky, *Di Yidiche Komissariatn...*, Minsk, 1928, apud Solomon M. Schwarz, *The Jews in the Soviet Union*, New York: Syracuse University Press, 1951, p. 94.

11 Ver S.M. Schwarz, op. cit., p. 97.

Moscou, dois na Crimeia, um no Birobidjan, quatro na Bielorrússia, dez na Ucrânia)[12]. Na mesma época, existiam cerca de vinte teatros judaicos. Sobretudo, foram inauguradas em todo o país milhares de escolas, onde o ensino era ministrado totalmente em ídiche.

Em 1935, na Ucrânia e na Bielorrússia, onde a população judaica era densa, 55-58% das crianças judias frequentavam essas escolas, mas no resto da URSS, onde estavam mais espalhados, essa porcentagem não passava de 8,5%[13]. Tais números já refletem uma certa tendência à assimilação, variável segundo as regiões, e favorecida pela dispersão progressiva dos judeus através de todo o território da União, em consequência das subversões políticas e sociais e da industrialização. Adiantemos aqui uma observação de Kalínin em 1926, o primeiro presidente da União Soviética: "Em Moscou, os judeus misturam seu sangue com o sangue russo, a partir da segunda ou, pelo menos, da terceira geração, estão perdidos para a nação judaica, tornam-se grandes russificadores."[14] Por sua vez, ao comparar a condição dos judeus e a dos outros povos soviéticos em 1936, observava Dimanschtein: "Nesse caso, há um conglomerado de fatores contraditórios, que é impossível examinar no detalhe, mas é evidente que a tendência fundamental e dominante da população judaica é abandonar a sua antiga existência nacional separada."[15]

■ ■ ■

12 *Grande Enciclopédia Soviética*, t. 24, 1932, col. 100.

13 Ibidem.

14 Discurso de Kalínin, em novembro de 1926; ver S.M. Schwarz, op. cit., p. 243.

15 S. Dimanschtein, *Balanço da Solução da Questão Nacional da URSS* (em russo), Moscou, 1936, p. XXXIV.

No estrangeiro, as expressões eram mais cruas, alarmava-se o Nestor do judaísmo russo, o historiador S. Dúbnov: "A geração que está crescendo ignora sua origem, seu passado e sua herança cultural trimilenar. Dois milhões de judeus, totalmente assimilados e esquecidos de seus 'laços de família', vão perder-se no conglomerado informe dos povos da URSS."[16]

Essa tendência à assimilação não era artificialmente apressada nem entravada por medidas discriminatórias ou coercitivas que, seja qual for a sua natureza, suscitam, segundo uma dialética minoritária bastante conhecida, ressentimentos e antagonismos, em suma uma "alienação". Muito ao contrário: sendo os judeus considerados uma nacionalidade semelhante às outras, mas desprovida de território, as autoridades soviéticas procuraram remediar essa anomalia. Já em 1918, Dimanschtein propunha criar uma classe camponesa judaica, a exemplo do projeto sionista: "Devemos construir uma Palestina em Moscou, devemos extirpar a mentalidade burguesa."[17]

Esse projeto tomou corpo progressivamente, sob o patrocínio do próprio presidente Kalínin: "O povo tem à sua frente uma grande tarefa, a de salvaguardar a sua nacionalidade, proclamava ele em 1926; e isso exige a transformação de parte da população judaica num campesinato colonizado num local único, que conte pelo menos centenas de milhares."[18]

▪ ▪ ▪

16 S. Dúbnov, *Epílogo da História Contemporânea do Povo Judeu* (em russo), Riga, 1938, p. 54-55.

17 Outubro de 1918; ver S.M. Schwarz, op. cit., p. 117.

18 Ver *Právda*, 26 nov. 1926.

A colonização teve início de maneira promissora, na Crimeia, na Ucrânia Meridional e no Birobidjan; de 142 mil em 1926, a população camponesa judaica passou a 220 mil em 1928, conforme os dados soviéticos; mas esse retorno à terra logo foi entravado pelo primeiro plano quinquenal, que mobilizava todas as energias e todos os recursos em favor da industrialização. Depois, os quadros dirigentes dos colonos foram dizimados durante os Grandes Expurgos, e os nazistas vieram dar o golpe final nas aldeias judaicas da Rússia europeia. Mas, nesse ínterim, as nucas se haviam endurecido, as mãos haviam calejado sob o sol da União Soviética, o mesmo sol da Palestina, que brilhava sobre uma terra que deveria ter sido a mesma sob todos os céus... Não temos as cifras exatas; mas, ao que parece, o número de agricultores judeus formados sob o regime comunista foi da mesma ordem de grandeza que o dos imigrados transformados em agricultores na Palestina, no período entre as duas guerras[19].

Segundo o recenseamento de 1926, a URSS contava 260 mil judeus. Formavam, depois dos usbeques, e antes dos georgianos, a sexta nacionalidade soviética[20]. Em 1932, quando foi criado o "sistema de

19 Ver as indicações estatísticas que fornece S.M. Schwarz, op. cit., p. 162-173. A colonização do Birobidjan motivou, no período entre as duas guerras, controvérsias apaixonadas nos meios judaicos. É certo que ela, em parte, foi coercitiva – num país e numa época em que a maioria das transformações sociais o eram ("revolução feita de cima"); do ponto de vista aqui adotado, importa que, sob esse aspecto, o caso dos judeus não diferia daquele de outros povos.

20 S. Dimanschtein, *Balanço da Solução da Questão Nacional na URSS*, quadro 1, p. 1-10.

passaportes", que comportava a indicação da nacionalidade nas carteiras de identidade ("passaportes internos"), os judeus foram assinalados como tais em suas carteiras de identidade, assim como os grandes-russos ou os usbeques. A medida, tomada sem dúvida por um simples decreto administrativo, passou despercebida na época. Interroguem os judeus soviéticos; eles lhes dirão que não se lembram do ano em que apareceu esse sistema, que não lhe prestaram atenção, precisamente porque se tratava de uma medida geral, que não os perturbava, numa época em que não existia o "problema judaico" em seu país.

■ ■ ■

Isso não quer dizer que o antissemitismo tenha desaparecido na União Soviética, como que por encanto. Mas era combatido com o máximo vigor. A 27 de julho de 1918, os *Izvestia* publicavam um chamamento do conselho dos comissários do povo, exortando à luta contra esse mal; o último parágrafo, acrescentado à mão pelo próprio Lênin, prescrevia medidas concretas: "O Conselho dos comissários do povo ordena a todos os sovdeps (conselhos dos deputados) que tomem medidas para destruir o antissemitismo pela raiz. Determinam os presentes que sejam postos fora da lei os pogromistas e os instigadores de *pogroms*."[21]

Na sequência, após a promulgação do Código Penal da URSS, a agitação antissemita foi reprimida na qualidade

■ ■ ■

21 A. Lunatchárski, *Sobre o Antissemitismo* (em russo), Moscou, 1929; ver S.M. Schwarz, p. 275.

de excitação ao ódio nacional ou religioso, ou de delito de injúrias ou de ofensas[22]. Ocorreram numerosos processos, que a imprensa divulgava: assim, sabe-se que, durante os nove primeiros meses de 1928, foram instaurados em Moscou 38 processos desse gênero; dos setenta acusados, 26 foram condenados a penas de prisão, 34 a penas de multa, e dez absolvidos[23].

À persuasão, seguia-se a coerção; para tanto, a *agit-prop* preconizava, no mesmo ano, as seguintes medidas:

> O problema da luta contra o antissemitismo deve figurar no programa educativo do partido. É necessário aprimorar a educação internacionalista da juventude, nas escolas secundárias.
>
> Entre os livros publicados, são muito raros as obras de ficção e os panfletos políticos. É necessário mostrar com mais clareza, e numa escala mais ampla, os motivos de classe do antissemitismo, utilizando para isso a literatura, o teatro, a tela, o rádio e a imprensa quotidiana.
>
> O partido deve criar uma atmosfera na qual o antissemitismo seja socialmente desprezível. O antissemitismo virulento deve acarretar a exclusão do partido.[24]

Diversos panfletos e artigos dessa ordem já haviam sido publicados antes de 1928. Em primeiro lugar, logo em seguida à morte de Lênin, uma coletânea de seus apelos e artigos (*Da Questão Judaica*, Moscou, 1924).

22 S.M. Schwarz, op. cit.

23 Ibidem, p. 276-277.

24 Ibidem, p. 281.

Alguns "folhetins" da imprensa periódica, destinados à educação cívica dos espíritos, tratavam igualmente desse tema. Estigmatizavam as estúpidas provocações de que eram vítimas os judeus, os aporrinhamentos nas fábricas e nos apartamentos coletivos, essas misérias legadas pelo passado abominável do tsarismo. Em 1928, ampliou-se a onda desses escritos. Os autores de alguns desses panfletos foram personagens de primeiro plano, como Anatoli Lunatchárski ou o economista Iúri Larin[25]. Em 1929, Rakhmanov, secretariado do comitê central do Komsomol, falava dos sintomas de antissemitismo entre a juventude comunista: "Temos não só antissemitas que falam e peroram em público, mas temos também – e isso é mais perigoso – antissemitas disfarçados, que se utilizam de expressões veladas, mas que na realidade são os antissemitas mais viciosos e os mais vis."

E Rakhmanov retomava uma ideia leninista: "Penso que é errôneo acreditar, como o fazem alguns entre nós, que só os judeus estão incumbidos de lutar contra o antissemitismo. Não é assim! A tarefa de lutar contra o antissemitismo cabe à nossa associação por inteiro."[26]

De forma bem diferente era colocada a questão da luta antissionista, no mais das vezes considerada um problema interno judaico. Nesse plano, as posições respectivas prolongavam as polêmicas dos tempos tsaristas entre partidos judaicos clandestinos. A querela "Revolução ou Sião?" acompanhava-se de uma querela

■ ■ ■

25 Ver a lista bibliográfica, ibidem, p. 290, 291.

26 Ibidem, p. 285.

linguística entre o ídiche e o hebraico, querela que, dessa forma, adquiria verniz político, ou mesmo de "luta de classes". Os comunistas judeus da *Ievsektsia* já em 1919 apregoavam contra o sionismo burguês, e proclamavam "a guerra civil entre judeus". As autoridades supremas se mostravam mais tolerantes e chegavam mesmo a autorizar os sionistas a prosseguirem em sua atividade cultural, desde que "não fosse contrária às decisões do poder soviético"[27]. Ainda em 1925, Tchitcherin declarava a Einstein, o qual o procurara a fim de defender a causa do movimento sionista, que ele não era perseguido na União Soviética. A emigração para a Palestina é outro indício: foi relativamente livre até 1925 e prosseguiu a conta-gotas até 1936, ano em que foi interrompida de vez. Nesse meio tempo, instauraram-se inúmeros processos, alguns sionistas ingressaram na clandestinidade, outros haviam "abjurado" publicamente suas ideias de uma maneira que já prenunciava o clima dos Grandes Expurgos.

Tais expurgos tiveram cheiro de antissemitismo? Era o que afirmava Trótski, em 1937:

> Para reforçar seu domínio, a burocracia não hesita nem mesmo em recorrer de maneira mal camuflada às tendências chauvinistas, sobretudo antissemitas. O último processo de Moscou, por exemplo, foi montado com o desígnio mal disfarçado de apresentar os

27 Decisão do Comitê Executivo Central da URSS, assinada por A. Enukidze; ver J. Margoline, L'Anéantissement du sionisme en Union soviétique, *Problèmes soviétiques*, n. 1, v. 1, p. 81.

> internacionalistas como judeus sem lei, que são capazes de se vender à Gestapo. Desde 1925, e principalmente desde 1936, uma demagogia antissemita, bem camuflada, inatacável, caminha junto com processos simbólicos contra os pogromistas reconhecidos. [...] Os dirigentes se aplicam com engenho e arte em canalizar e em dirigir especialmente contra os judeus o descontentamento que existe contra a burocracia.[28]

No entanto, nem Kamenev-Apfelbaum, nem Zinoviev-Radomylski foram acusados de participação num complô sionista. De 1936 a 1938, o antissionismo, posição ideológica, ainda não alimentava o antissemitismo, maquinação política. Acrescentemos que já não faltavam os elementos do roteiro. Durante um processo que fora instaurado contra um grupo sionista de Kiev, a peça de acusação falara "das relações dos acusados com contrarrevolucionários, que vão do atamã rebelde Tiutiunik ao papa, Poincaré e Lloyd George"[29], mas o tribunal se contentou em colocá-los em prisão domiciliar, por dois anos. O tema dos médicos envenenadores fora igualmente aperfeiçoado; a justiça de Stálin pronunciara seu veredicto: os doutores Levin, Kazakov e Pletniev não haviam assassinado Górki e Menjínski dessa exata maneira?

As peças desse quebra-cabeças iriam encaixar-se quinze anos mais tarde, no processo dos assassinos de bata branca, uma vez que Hitler havia passado por aí.

28 Entrevista dada por Trótski ao jornal *Der Weg* (México), 18 jan. 1937.

29 J. Margoline, op. cit., p. 87.

3

a era das perseguições

Em política, o antissemita está arriscado a ter facilmente razão com relação a todo o mundo. Se faço guerra a Hitler, peço a ajuda dos judeus; se me componho com ele, estou traindo a causa destes; de qualquer maneira, eu os singularizo. Os judeus assim definidos cedo ou tarde reagem como judeus, e renovam, mesmo que seja para defender-lhes o corpo, seus velhos laços, na "solidariedade dos ofendidos e dos indignados", de que Iliá Ehrenburg[1] falava dramaticamente em 1948. Uma aliança desse gênero, que ultrapassa todas as fronteiras, semeia desconfianças que se tornam "arianas" em virtude do contraste e isolam de novo os judeus; é esse o círculo vicioso hitlerista.

■ ■ ■

1 Ver infra, p. 65-66.

A Europa Ocidental o conheceu uma primeira vez de 1933 a 1939. Por mais que o chefe sionista Weizmann avisasse Neville Chamberlain de que o fogo posto nas sinagogas queimaria a Catedral de Saint-Paul, a Grã-Bretanha apostava na paz, os judeus pareciam belicistas. Jean Giraudoux, comissário da Informação da Terceira República, dizia concordar "plenamente com Hitler quando este proclamava que uma política só atinge sua forma superior se for racial"[2]. Era assim que o antissemitismo se propagava por osmose antes mesmo da invasão nazista.

Na União Soviética, a população judaica, depois da partilha da Polônia e da anexação dos Países Bálticos, aumentou em dois milhões, entre 1939 e 1940. Em março de 1940, as eleições para o Soviete Supremo revelaram que, nos territórios anexados, os judeus eram inelegíveis. Era o primeiro sintoma gritante de uma discriminação.

Veio em seguida a corrida alemã de junho de 1941. Formou-se a grande aliança anti-hitlerista: em dezembro, Stálin negociou, ao mesmo tempo, com os generais poloneses e com os dirigentes do Bund da Polônia, Ehrlich e Alter. Em consequência da negociação, o general Anders pôde formar um exército polonês; Ehrlich e Alter foram mandados de volta à prisão e fuzilados. Sempre é aleatório procurar nas decisões dessa ordem o que se deve a cálculo político (enfraquecer o campo anticomunista, na futura Polônia?) e o que se deve a rancores pessoais. Mas o fato é que, nesses meses, e incensando o velho

2 Ver Roger Errera, *Les Libertés à l'abandon*, Paris, 1968, p. 156-157.

nacionalismo grande-russo, Stálin inaugurava, com respeito aos judeus, uma política obscura e maquiavélica.

No tocante à "solução final" hitlerista, que se realizava ao abrigo do segredo e do silêncio, o "pai dos povos" adotou uma atitude no mínimo equívoca. A propaganda e as declarações soviéticas dos anos de 1941 a 1944, ao descrever as atrocidades nazistas, relegavam a plano secundário o destino reservado aos judeus, ou mesmo se calavam sobre ele. Uma nota oficial de Molotov deu o tom: "As execuções sumárias, pelos hitleristas, da pacata população soviética revelam claramente os criminosos e sanguinários desígnios fascistas, que visam a exterminar os povos russo, ucraniano, bielorrusso e os outros povos da União Soviética."[3] Os apelos, os manifestos indignados, os detalhes se sucediam. Na Lituânia, os nazistas "levaram à morte dezenas de milhares de cientistas e operários, engenheiros e estudantes, sacerdotes católicos e ortodoxos [...] pacíficos cidadãos soviéticos de Kaunas, e cidadãos franceses, austríacos, tchecoslovacos"[4]. Os judeus não figuravam nessas enumerações, nessas listas, a não ser sob a designação "de outros povos"; eram o *et cetera*, a nacionalidade fantasma, os *outros*, em suma. Mesmo quando descrevia o campo de Auschwitz, a comissão extraordinária de Estado dos crimes

3 *Právda*, 28 abr. 1942. Quanto a essa questão, devemos distinguir entre os textos e os documentos difundidos na União Soviética e aqueles destinados aos países estrangeiros (especialmente os propagados pelo "Comitê Antifascista Judaico", criado em Moscou em agosto de 1941). Aliás, a URSS figurava entre as potências signatárias da Declaração das Nações Unidas de dezembro de 1941, que falava claramente do "plano especial de extermínio total da população judaica, nos territórios ocupados na Europa".

4 *Právda*, 20 dez. 1944.

de guerra se engenhava para não nomear aqueles que eram asfixiados nas câmaras de gás[5].

Estaria Stálin tentando evitar a impressão de que fazia a guerra por conta dos judeus? Podemos crer que estava muito mal informado sobre os primeiros sentimentos das populações soviéticas. Nos territórios ocupados, no início, os nazistas esforçavam-se por justificar o massacre e procuravam fazer que elementos locais participassem dele. Malograram nisso e foram obrigados a "assumir sozinhos o essencial da tarefa"[6]:

> Não existe questão judaica na Bielorrússia, advertia-os um de seus informantes em agosto de 1942. Para os bielorrussos, é um negócio puramente alemão, que não lhes diz respeito. Isso é o efeito da educação soviética, que ignora a diferença entre raças. Todo mundo simpatiza com os judeus e lamenta por eles, e os alemães são considerados bárbaros e carrascos de judeus; o judeu seria um homem, assim como um bielorrusso.[7]

Ao que parece, Stálin tinha uma ideia dos efeitos da educação soviética bem oposta à desse agente dos

■ ■ ■

5 *Právda*, 1º maio 1945.

6 Léon Poliakov, *Le Bréviaire de la haine*, Paris: Calmann-Lévy, 1959, p. 139. Nessa obra encontrar-se-á a descrição das dificuldades, a princípio insuperáveis, com que se deparou o projeto de fazer com que as populações soviéticas participassem dos *pogroms* e dos massacres dos judeus.

Na Ucrânia, os exterminadores nazistas eram ajudados por destacamentos formados nas regiões ocidentais do país, as que foram polonesas antes de 1939; ver, a esse respeito, S.M. Schwarz, *Os Judeus na União Soviética Desde o Início da Segunda Guerra Mundial* (em russo), New York: JLC, 1966, p.101.

7 Ver S.M. Schwarz, op. cit., p. 93.

nazistas. O fato é que nenhuma contrapropaganda foi antagônica à propaganda antissemita hitlerista; essa frente psicológica fundamental permaneceu desguarnecida durante todo o transcorrer da guerra. O expediente era talvez, para além da traição de um princípio, um erro estratégico de primeira grandeza, como os cálculos maquiavélicos não os excluem. Em todo caso, um tal silêncio equivalia a uma assinatura em branco, libertava forças irracionais vulcânicas. Para as almas simples, a terra russa recusava dar a absolvição aos judeus massacrados, e a ideia de que eles expiavam algum crime impreciso e enorme pôde de novo propagar-se livremente.

Os partidos comunistas clandestinos da Europa Ocidental centralizavam parte de sua propaganda sobre a vilania do racismo, sobre a solidariedade que se devia manifestar às suas vítimas escolhidas. A propaganda clandestina nas regiões ocupadas da União Soviética se atinha também à linha imposta por Moscou: falava do calvário da "nossa gente", mas não se referia ao calvário dos "outros"[8]. Essa luz também esclarece o destino inexprimivelmente doloroso dos judeus refugiados nas florestas e nos *maquis*.

No exército soviético existia igualmente a tendência a minimizar o papel assumido pelos combatentes judeus, cujos altos feitos acabaram sendo globalmente atribuídos aos inapreensíveis *outros*[9]. A fraternidade de

■ ■ ■

8 Ibidem, p. 117.

9 A brochura *As Tradições Nacionais dos Povos da União Soviética* (Moscou, 1957) indicava que 10940 combatentes de 1941-1945 haviam recebido o título de herói da União Soviética, e dava a sua distribuição ▸

armas não excluía o antissemitismo, e o tema nazista dos judeus emboscados na retaguarda encontrava amplo crédito. A esse respeito, não faltam testemunhos: "No exército, jovens e velhos se esforçavam por me convencer de que há muitos judeus em Minsk e em Moscou, mas que não há um único na frente de batalha. 'Temos de guerrear por eles.' Amigavelmente, diziam-me: 'Você está louco. A tua gente está em casa, em segurança, como é que você está na primeira linha?'"[10]

Quem desejar conhecer mais a respeito pode reportar-se à bela trilogia de Mendel Mann[11].

Depois da libertação da Ucrânia, Khruschev pronunciou em Kiev um longo discurso, no qual descrevia os sofrimentos por que passou a população civil, sem evocar uma única vez o caso dos judeus, nem mesmo para honrar os ucranianos que, com o risco das próprias vidas, os socorreram[12]. Mas esse segundo tema se cercava igualmente de um tabu, para vergonha dos velhos comunistas[13]. Artigos foram censurados; livros

▪▪▪

▹ por nacionalidades, inclusive nove heróis udmurtes, oito letões, oito lituanos e seis carélios. Os judeus não eram mencionados. O número dos *outros* era de 397.

10 Apud S.M. Schwarz, op. cit., p. 159.

11 *Aux portes de Moscou*, 1960; *Sur la Vistule*, 1962; *La Chute de Berlin*, Calmann-Lévy, 1963.

12 Esse discurso de Khruschev foi publicado no *Právda* de 16 e 17 mar. 1944.

13 Escreve I. Ehrenburg: "Em março de 1944, recebi uma carta de vários oficiais ligados à formação que libertara Dubno. Relatavam que B.I. Krasnova cavara um abrigo sob sua casa, onde, durante mais ou menos três anos, ela escondera onze judeus e os alimentara durante todo esse tempo. Participei esse fato a Kalíhin, perguntando-lhe se acreditava justo condecorar esta mulher. Pouco tempo depois, eu mesmo recebi uma condecoração das mãos de M.I. Kalínin em pessoa. Depois da ▸

foram destruídos[14]. Nesse meio tempo, Stálin já glorificava o povo grande-russo, "povo-guia", que confiara pessoalmente nele[15]. O culto da personalidade assumia o aspecto desse diálogo. Na União Soviética, a discriminação entre os povos, antes de estender-se aos vivos, declarava-se contra os judeus mortos.

Nas altas esferas comunistas, inferiam-se as consequências: "Você também é antissemita, não é?", perguntava Stálin a Djilas. Em Budapeste, o ministro Kaftanov recomendava Iliá Ehrenburg nesses termos: "Você sabe que ele é judeu, mas, não obstante, é um comunista de grande renome e um bom patriota soviético."[16]

▪▪▪

Os judeus soviéticos, cujo montante se aproximava dos cinco milhões em 1940-1941, não passavam de dois ou três milhões (não temos as estatísticas exatas), logo depois da guerra. Esses sobreviventes, em sua grande maioria, foram espalhados pela imensidão do país, sofreram evacuações, fugas, retrocessos, internamentos. Aqueles que retornaram às suas residências,

▪▪▪

▹ cerimônia, ele me disse: 'Recebi sua carta. Você tem razão; seria bom marcar o fato. Mas, veja, no momento não é possível.' Kalínin era puro, um autêntico comunista, e senti que para ele não era fácil falar-me desse jeito." (I. Ehrenbourg, *La Russie en guerre*, trad. R. Tarr, Paris, 1968, p. 254.)

14 Ibidem, passim, e especialmente p. 246-258.

15 Ver o famoso brinde do Kremlin ao povo russo que fez Stálin em 24 de maio de 1945.

16 Ver Milovan Djilas, *Conversations avec Staline*, Paris, 1962, p. 170; e B. Lewitzkyj, *L'Inquisition rouge*, Paris, 1968, p. 231.

na Ucrânia ou na Bielorrússia devastadas, não mais encontravam os parentes, esbarravam na hostilidade, surda ou aberta, da população. Pareciam intrusos e como tal se viam.

Tinha início a reconstrução. Do total das perdas e lutos universais se destacavam os dos judeus, infinitamente mais trágicos; mas não foi tomada em seu favor nenhuma medida particular. Essa carência assumiu todo o seu sentido quando tomaram consciência, pouco a pouco, de que a questão não era reabrir as escolas, ressuscitar sua imprensa e suas instituições culturais. Ainda menos quiseram os altos escalões reconstruir as aldeias judaicas da Crimeia, ou estimular a emigração para Birobidjan. Então, o que eram os judeus entre os povos soviéticos? Parecem ter sido numerosos aqueles que, russificados ou ucranizados, desejaram assimilar-se completamente, mudando de nacionalidade (conhecemos alguns casos desse gênero). Esbarraram na letra da lei soviética. Doravante, continuavam judeus tanto quanto os negros dos Estados Unidos, que uma regra tácita impedia de "ultrapassar a linha", continuavam negros; passaporte aqui, epiderme lá. A fraude permite que alguns "ultrapassem", por meio de papéis falsos.

O novo regime de exceção nunca foi anunciado oficialmente. Apenas no decurso dos meses e anos, os judeus soviéticos aprenderiam que a guerra hitlerista os transformara em suspeitos e que sua nacionalidade fora colocada sob alta vigilância policial. A própria palavra "judeu" tornar-se-ia pouco a pouco um vocábulo proscrito, dissimulado sob eufemismos como "cosmopolita" ou "sionista", e expurgado dos dicionários[17].

Na primavera de 1947, esses homens de estatuto incerto foram iludidos por um enorme golpe teatral. De repente, a propaganda soviética passou a falar deles, a defender-lhes mundialmente a causa e a reclamar uma pátria para o povo judeu:

> O povo judeu, podia-se ler no *Právda*, suportou durante a última guerra sofrimentos e desgraças inauditas. Tais sofrimentos e desgraças são, sem exagero, indescritíveis. É difícil exprimi-los por meio da secura dos números das perdas infligidas ao povo judeu pelos ocupantes fascistas. Nos territórios onde reinaram os hitleristas, os judeus sofreram um extermínio físico quase total. A população judaica massacrada pelos carrascos fascistas elevava-se aproximadamente a seis milhões.

Assim falava Andrei Gromiko, na eminente tribuna da Assembleia das Nações Unidas, e sem dúvida todos os judeus soviéticos, do atomista de Moscou ao artesão da Moldávia, do bedel da sinagoga a Iliá Ehrenburg, sorviam avidamente palavras que esperavam há anos.

O tom do discurso se tornava patético:

> A enorme maioria da população judaica da Europa que continua viva perdeu sua pátria, seu teto e seus meios de existência. Centenas de milhares de judeus

17 O verbete "Judeus" (*Ievrei*) da 1. ed. da *Grande Enciclopédia Soviética* (1932) contava 75 páginas, o da 2. ed. (1952), apenas duas; e a maioria da grandes figuras da história judaica, em sua ordem alfabética, foram eliminadas, ou qualificadas de "reacionárias".

> vagueiam pelos diversos países da Europa, em busca de um meio de vida, em busca de refúgio. A maioria se encontra nos campos de refugiados, onde continua a suportar grandes privações.

A conclusão era natural. A comunidade internacional devia fazer justiça aos judeus:

> O fato de nenhum país da Europa Ocidental ter condições de garantir a proteção dos direitos elementares do povo judeu, e defendê-lo contra as violências dos carrascos fascistas explica o desejo dos judeus de terem seu próprio Estado. Negar-lhe esse direito não tem justificativa, principalmente se considerarmos o que ele sofreu durante a Segunda Guerra Mundial.[18]

Esses argumentos, que por mais de um ano iriam ser desenvolvidos em todos os tons e países, eram ditados pelo projeto de Stálin de criar obstáculos aos ingleses no Oriente Médio. Acabaram por suscitar uma decisão coletiva: a história do Estado judeu se inicia, talvez, com uma falsa manobra do "pai dos povos".

Para melhor apoiar a ofensiva, Florimond Bonte, no Velódromo de Inverno de Paris, saudava os combates heroicos dos melhores filhos de Israel e o jornal *L'Humanité* acusava os chefes árabes de provocarem o êxodo dos refugiados palestinos, criando uma "atmosfera de medo"[19]. Nesse ínterim, a Tchecoslováquia foi

■ ■ ■

18 *Právda*, 17 maio 1947. Ver também a edição de 19 de maio ("Os Jornais Judeus dos Estados Unidos Saúdam o Discurso de Andrei Gromiko") etc.

19 Então afirmava Catherine Varlin em *L'Humanité*: "Sem dúvida, nas cidades e nas aldeias árabes da zona judaica, seus habitantes abandonaram ▸

encarregada de abastecer de armas o Estado nascente; a Polônia oficialmente deixava que os homens partissem, que recrutassem uma legião. Todas essas notícias levaram numerosos judeus soviéticos a acreditar que eles também eram livres para partir. Em agosto de 1948, a URSS e Israel trocavam embaixadores. Manifestações de alegria aconteceram diante da sinagoga de Moscou ou sob as janelas do hotel Metrópole, onde estava hospedada a Sra. Golda Meir. Talvez um dia possamos saber se tais manifestações eram totalmente espontâneas... Seja como for, Stálin decidiu regularizar a questão nesse momento.

Em 21 de setembro de 1948, o *Právda* publicava um curioso artigo de Iliá Ehrenburg. Por um lado, o favorito judeu do "pai dos povos" colocava seus congêneres em guarda contra a mística sionista. Mas, por outro, defendia a causa deles:

> Dizem os obscurantistas que existe uma ligação mística entre os judeus do mundo. Mas pouca coisa há em comum entre um judeu tunisino e um judeu de Chicago, que fala como estadunidense e pensa como estadunidense. Se realmente existe uma ligação entre eles, essa

▪▪▪

▷ em massa, o êxodo foi o resultado de uma formidável pressão organizada por certos meios árabes. [...] Essa guerra que alguns desejariam apresentar como uma guerra 'santa' pela libertação dos árabes da Palestina, a maioria dos árabes do país não a quiseram [...] Se partiram, foi porque criou-se aqui uma atmosfera de medo [...]"

No Velódromo de Inverno, Florimond Bonte assim se exprimia: "Ao novo Estado judeu, surgido em meio aos mais dolorosos sofrimentos do parto e durante os combates heroicos dos melhores filhos de Israel, trago aqui a calorosa saudação de boas-vindas do Partido Comunista Francês, sempre solidário com os combatentes da liberdade, da democracia e da independência [...]" (Ver *L'Humanité*, 30-31 maio e 22 maio 1948.)

> ligação não é mística de modo nenhum; foi criada pelo antissemitismo [...] As inauditas atrocidades dos fascistas alemães, o extermínio total da população judaica que proclamaram, e que levaram a termo em inúmeros países, a propaganda racista, primeiro as injúrias, depois os fornos de Maidanek – tudo isso faz surgir uma profunda ligação entre os judeus dos mais diversos países. E a solidariedade dos ofendidos e dos indignados.

Ao concluir, Ehrenburg advertia os judeus em palavras veladas:

> Juntamente com os outros homens soviéticos, os judeus soviéticos defendem sua pátria soviética. Não estão olhando para o Oriente Médio, estão olhando para o futuro. E penso que os trabalhadores do Estado de Israel, aos quais é estranha a mística sionista, e que buscam a justiça, têm seu olhar fixado no Norte – na União Soviética, que conduz a espécie humana para um futuro melhor.

Dois meses depois, tinham início as perseguições antissemitas.

Um dia, talvez, saberemos mais sobre a estratégia da nova caça às bruxas. Em 1948, a administração policial de Stálin recomeçava a montar os grandes processos políticos. O inimigo número 1 foi a princípio o *titismo*; todos os iugoslavos eram titistas[20]; concentricamente dispostos em torno de Belgrado, seguir-se-iam

■ ■ ■

20 "Como, aqui, cada iugoslavo é doravante um 'titista', cada antigo voluntário é naturalmente acusado de ter frequentado os 'titistas' [...] – e de ser agora um agente de Tito." (Arthur London, *L'Aveu: Dans l'engrenage du procès de Prague*, Paris, 1968, p. 127.)

os processos de Tirana, de Sófia e de Budapeste. No que dizia respeito aos judeus, os administradores de Stálin se contentavam em deter, a partir de dezembro de 1948, centenas ou milhares de intelectuais e artistas (não se conhece o número exato[21]), sem que se anunciassem seus processos. A orquestração pública se fazia sob o signo da luta contra o *cosmopolitismo*; essa primeira campanha antissemita, como as outras, ia servir-se de uma linguagem convencionada.

No entanto, o artifício era transparente. Consistia em multiplicar os patronímicos bem judeus no rádio e na imprensa, e juntar-lhes o qualificativo de "cosmopolitas sem pátria" (*bezrodni kosmopolitt*). Com o tempo, as iniciais eram às vezes compostas em minúsculas, a fim de acentuar mais claramente que os nomes próprios tinham o valor de nomes comuns: "Um profundo ódio popular se ergue contra todos esses *hain*, *iarotchetski*, *grinschtein*, *perss*, *kaplan* e *poliakov*."[22]

As críticas dramáticas serviram de primeiro alvo, Deus e Stálin talvez saibam por quê. No final de janeiro de 1949, dois artigos, publicados respectivamente no *Právda* e em *Kultura i Jizn* (A Cultura e a Vida), denunciavam os críticos Gurvitch, Altmann e Cia., como culpados de "manobras antipatrióticas" e "manobras contra o Partido"[23]. Esses artigos não eram assinados, portanto

21 Foi possível levantar uma lista de 443 nomes em 1956, entre escritores e artistas; o número das vítimas sem a menor notoriedade pode ter sido muito mais elevado. Ver S.M. Schwarz, op. cit., p. 214.

22 Ibidem, p. 224. (*Právda Ukraini*, 16 jan. 1953.)

23 O que segue é tirado de S.M. Schwarz, op. cit., p. 204-211. (Capítulo "A Luta Contra o Cosmopolitismo".)

inspirados de muito alto (é o sinal com que não se engana o leitor soviético). "Que ideia pode ter A. Gurvitch do caráter nacional do homem soviético russo?, exclamava o *Právda*. Ele calunia o homem soviético russo. Calunia-o de modo repugnante [...] Não podemos deixar de marcar com ferro em brasa essas mentiras que sujam o caráter nacional soviético." De repente, entrava-se no clima nazista ("Quando um judeu escreve como alemão, está mentindo", Goebbels). Os ataques foram retomados em outros órgãos da imprensa. Por sua vez, na *Literaturnaia Gazeta*, Simonov sujava as mãos, ao acusar Gurvitch "de zombar do homem russo e das tradições nacionais russas". Horrorizados, seus confrades se calavam; os protestos só podiam ser mudos. Altmann era atacado pela *Arte Soviética*: "Altmann odeia tudo o que é russo, tudo o que é soviético; o nacionalismo burguês e a russofobia impeliam-no naturalmente a se prosternar diante do Ocidente."

A campanha se desenvolvia, alastrava-se qual mancha de óleo, estendia-se aos cineastas, aos romancistas, aos poetas. Aqueles autores que, preocupados com a russificação, escreviam sob pseudônimos, eram *desmascarados* pela revelação de seus patronímicos judaicos, e a *Literaturnaia Gazeta* desembocava Holtzmann sob Iakolev, ou Melmann sob Melnikov, à maneira dos foliculários do Estado de Vichy. Essas denúncias, esses acertos de contas, que visavam homens famosos ou conhecidos, eram públicos; sabe-se muito menos sobre aqueles que conseguiram eliminar funcionários de categoria às vezes elevada, ou dirigentes e quadros industriais. Essas depurações não foram as menos importantes, porque acarretaram uma verdadeira promoção de homens novos, que às vezes tiveram, eles mesmos, de usar da delação, e que, em todos os casos, se preocuparam doravante em perpetuar a nova ordem das coisas. Tais foram, em parte pelo menos, os "novos quadros" soviéticos, que, no dizer do próprio Khruschev, haviam substituído os judeus[24]. Dessa maneira se constituíra um grupo social *sui generis*, pouco numeroso, mas ativo e bem colocado. Tal sociologia era stalinista: o "georgiano milagroso" condenara o regime a cultivar o antissemitismo por uma geração pelo menos.

■ ■ ■

Sabe-se agora que os judeus soviéticos mais eminentes detidos durante o inverno de 1948-1949 foram julgados secretamente em julho de 1952 e executados a 12 de agosto. Por que a demora? Stálin e seus administradores teriam pensado durante algum tempo em amalgamar esse problema ao dos tártaros da Crimeia

■ ■ ■

24 Ver o relatório da entrevista , em maio de 1956, entre a delegação do Partido Socialista Francês (S.F.I.O.) e a delegação do Presidium do Partido Comunista da URSS:

KHRUSCHEV: [...] É um problema complicado esse da situação dos judeus e suas relações com os outros povos. No começo da Revolução, entre nós havia muitos judeus na direção do Partido e do Estado. Eram mais instruídos, talvez mais revolucionários do que a média dos russos. Depois, criamos novos quadros...

PERVÚKHIN: ... nossa própria *intelligentsia*.

KHRUSCHEV: Se agora os judeus quisessem ocupar os primeiros lugares em nossas Repúblicas, naturalmente seriam malvistos pelos autóctones... (Ver F. Fejtö, *Les Juifs et l'antisémitisme dans les pays communistes*, Paris, 1960, p. 124.) Pervukhin evidentemente queria atenuar as palavras de seu patrão, que deixavam transparecer que se tratava do acesso aos postos de comando, e não à cultura.

e em associar dessa maneira os "sionistas" aos "hitleristas"?[25] Além do interesse minucioso que tinha Stálin pela encenação dos grandes processos[26], seus sucessores nos revelaram sobre eles pouquíssimas coisas. Um canto do véu foi erguido em 1968, por uma obra de importância capital, *L'Aveu*, de Arthur London. Informa-nos esse livro que, em Praga como alhures, a direção dos processos de grande espetáculo se encontrava nas mãos dos especialistas soviéticos:

> Os conselheiros começaram a chegar em 1949. Foi constituído rapidamente um aparelho todo-poderoso, que só respondia por seus atos a seu chefe Béria. Encontravam-se aí Likhatchióv e Makarov, que acabavam de prestar suas provas no processo Rajk.
>
> Procederam imediatamente à criação, na Segurança do Estado, de um organismo especial para a busca do inimigo no interior do Partido. Mais tarde, será criada

▪▪▪

25 No momento da desestalinização de 1956, informações imprecisas revelavam que, em 1946 ou 1947, alguns judeus soviéticos ainda influentes no governo procuravam convencer Stálin a reconstituir as colônias judaicas da Crimeia, nem que fosse para combater a decepção das massas judaicas e as tendências sionistas. De outro lado, a República Autônoma da Crimeia, povoada em grande parte por tártaros, foi dissolvida oficialmente em junho de 1946, por motivos de colaboração com o inimigo (seria reconstituída mais tarde). É possível, portanto, como admitiram alguns kremlinólogos, que Stálin tenha alimentado o projeto de amalgamar teatralmente o hitlerismo e o sionismo, já em 1949 ou 1950.

26 Ver algumas revela ções de Khruschev, durante seu famoso discurso ao XX Congresso do Partido: "Stálin ordenou que fossem presos um grupo de eminentes médicos especialistas. Dava instruções pessoalmente sobre a maneira de conduzir o inquérito e de interrogar os acusados [...] Convocou o encarregado do inquérito e indicou-lhe os métodos a aplicar. Tais métodos eram simples: bater, bater e bater mais ainda."

> igualmente uma seção especializada para a luta contra o sionismo.[27]

Acredita-se entrever uma tendência: num momento não determinado, entre 1950 e 1952, o espantalho sionista pareceu mais vantajoso que o do titismo. Ao admitir que tais campanhas se moldavam nas regras da estratégia militar, não devia um triângulo novo, Praga-Berlim-Moscou, substituir, no cérebro do generalíssimo Stálin, o triângulo Tirana-Sófia-Budapeste?

A orgia antissemita do processo Slansky, em novembro de 1952, foi seguida, seis semanas mais tarde, pela questão dos *envenenadores de bata branca* e, segundo parece, preparava-se algo semelhante em Berlim Oriental. Seis semanas: o tempo de julgar os resultados, ler a crítica, constatar que a claque mundial trabalhava direito, e que o espetáculo de Praga era rendoso e bom? Mas vejamos o que aconteceu.

Os processos contra os titistas tiveram antigos membros das Brigadas Internacionais da Espanha como principais atores: a fraternidade de armas se transformava em confraria de espiões. Conhecemos agora a técnica das confissões, a lenta e sábia excitação das suspeitas recíprocas e dos ódios, "cada acusado é um lobo para os outros"[28]. Reação em cadeia: o mais fraco quebrava primeiro, os outros, acabrunhados por causa dele, o imitavam progressivamente, os super-homens, quando havia, morriam sem ter "testemunhado". Em Praga,

---

27 A. London, op. cit., p. 377.

28 Ibidem, p. 124.

as engrenagens psicológicas dessa ordem se deixavam azeitar muito mais, no universo dos culpados. "O fato justamente de que você, embora judeu, ainda esteja vivo é, por si só, a prova de sua culpabilidade e portanto nos dá razão", dizia a London seu interrogador[29].

Nesse meio tempo, de Pequim a Paris, centenas de milhões de ouvintes e leitores eram intoxicados por mestres do pensamento ou jornalistas, no mais das vezes eles próprios iludidos. Moscou o dissera: "Uma agitação antissemita desenfreada ocorreu nos Estados Unidos, na Grã-Bretanha e em outros países capitalistas."[30] Em Paris, um diário progressista trazia um título em quatro colunas: A QUESTÃO É: ONDE ESTÃO OS ANTISSEMITAS?[31] Do México a Bandungue, a imprensa prossoviética, a chamada imprensa de esquerda, se irrompeu contra o sionismo mundial; nesse vasto universo, dir-se-ia que somente os administradores ou "referentes" de Praga sabiam o que faziam:

Tão logo aparece um nome novo, os referentes insistem em saber se não é um judeu. Os mais hábeis fazem a pergunta dessa maneira: "Como se chamava antes? Será que não mudou o nome em 1945?" Se a pessoa é realmente de origem judaica, os referentes se arranjam para incluí-lo num processo sob um pretexto ou outro, que pode muito bem não ter nada a ver absolutamente com as questões tratadas. E diante desse nome

▪▪▪

29 Ibidem, p. 151.

30 Verbete Judeus (Ievrei), op. cit.; ver sua tradução em *Evidences*, Paris, n. 36, dez. 1953.

31 *Ce Soir*, Paris, 6 fev. 1953.

coloca-se o qualificativo ritual de "sionista". O propósito é acumular nos processos o maior número possível de judeus.

Tais instantâneos de Praga de 1952 seriam história passada? Então leiamos atentamente a continuação do relato de Arthur London:

> Quando cito dois ou três nomes, se houver um que "soe judeu", transcrevem apenas este. Esse sistema de repetição, por primário que seja, acabará dando a impressão desejada, a saber, que o acusado estava em contato apenas com judeus, ou ao menos com uma proporção bem grande de judeus.
>
> Ainda mais porque nunca se tratava de judeus. Por exemplo, quando me interrogam sobre Hadju, o referente vai me pedir cruamente que especifique, no tocante a cada um dos nomes que vão surgir no interrogatório, caso se trata ou não de um judeu. Mas, a cada vez, na transcrição, o referente substitui a designação judeu pela de sionista. "Estamos no aparelho de segurança de uma democracia popular. A palavra 'judeu' é uma injúria. Por isso, escrevemos 'sionista'." Observo-lhe que 'sionista' é um qualificativo político. Ele me responde que não é verdade e que foram as ordens que recebeu. Acrescenta: "Aliás, na URSS, o emprego da palavra 'judeu' também é proibido. Fala-se 'hebreu'." Demonstro-lhe a diferença entre "hebreu" e "sionista.". Nada feito. Ele me explica que "hebreu" soa mal em tcheco. A ordem é colocar "sionista", isso é tudo.
>
> Até o fim esse qualificativo sionista continuará assim junto a nomes de homens e mulheres que jamais

tiveram algo de comum com o sionismo, porque, quando estabelecerem os processos "para os tribunais", os referentes se recusarão a fazer qualquer retificação dos inquéritos administrativos. O que está escrito está escrito.

Na sequência se instaurará uma caça às bruxas. Multiplicar-se-ão as medidas discriminatórias contra os judeus sob o pretexto de que são estrangeiros para a nação tchecoslovaca, ou cosmopolitas, ou sionistas, e portanto mais ou menos comprometidos em turvos negócios de tráficos e espionagens.

Nos primeiros tempos, há entre os referentes um esforço para ver quem se mostra mais antissemita. Um dia, replico a um deles que, mesmo me colocando de seu ponto de vista, não vejo como aplicá-lo ao grupo dos antigos voluntários que, com exceção de mim e do senhor, não inclui judeus. Ele me responde com a maior seriedade: "Você esquece suas mulheres. Elas são todas judias e isso dá no mesmo."

Existe uma teoria inteira sobre o assunto.[32]

Depois de uma instrução que durou mais de dois anos, o processo Slansky chegou ao tribunal a 20 de novembro de 1952. A peça de acusação apelava para uma terminologia um pouco diferente. Precisava, antes de tudo, que dos quatorze acusados onze eram *filhos de burgueses*,

32 A. London, op. cit., p. 217-218. A seriedade e a importância desse livro foram atestadas pelo Partido Comunista Francês. "Deve-se lê-lo o quanto antes, a fim de compreender a realidade de nossa época terrível e criadora de futuro." (*La Nouvelle Critique*, 20 jan. 1969, p. 13.) Ver também as expressões encorajadoras dadas por Waldeck Rochet, a respeito da publicação de *L'Aveu*, em *Le Nouvel Observateur*, 6-12 jan. 1969, p. 34.

de *origem judaica*. Um dos três cúmplices não judeus, Karel Svab, *de família operária* (entenda-se: ariana), no dia seguinte declarava-se culpado ao tribunal:

> Impedi que todos esses homens fossem desmascarados [...] Rudolf Slansky, que dirigia toda a atividade [...] Bedrich Geminder, cosmopolita e nacionalista burguês judeu [...] Arthur London, nacionalista burguês judeu, trotskista e espião [...] Otto Fischl, nacionalista burguês e agente do Estado imperialista de Israel [...] André Simone-Katz, nacionalista burguês judeu e espião.[33]

Mas não vamos nos perder nos meandros do processo Slansky. Contentar-nos-emos em lembrar alguns desses temas, e em dizer algumas palavras sobre sua exploração.

Já em 1921, Alfred Rosenberg explicara aos nazistas da primeira hora que o sionismo era a ala de frente da judiaria mundial e que os judeus camuflados nas organizações "religiosas", ou mesmo "assimilacionistas" perseguiam na realidade os mesmos objetivos comuns, em primeiro lugar a queda da Alemanha. Entre os conjurados sionistas, colocava em bom lugar o banqueiro Morgenthau[34]. Vinte anos depois, a pro-

33 Ibidem, p. 281-289.

34 A. Rosenberg, *Der staatsfeindliche Zionismus*, München, 1938. Vejamos alguns dos peculiares títulos de capítulos: "England und der deutschfeindliche Zionismus" (Inglaterra e o Sionismo Antialemão) – "Der Völkerbund und der Zionismus" (A Liga das Nações e o Sionismo) – "Die Vereinigten Staaten und der Zionismus" (Os Estados Unidos e o Sionismo) – "Alljüdische Einigkeit" (A Unidade Panjudaica). Sobre esse último ponto, o do projeto sionista perseguido secretamente por todos ▸

paganda de Goebbels investia de novo contra Morgenthau, atribuindo-lhe o plano de exterminar os alemães pela fome, pois preconizava o desmantelamento das fábricas do Terceiro Reich[35]; depois da guerra, esse plano Morgenthau tornou-se o tema de predileção antissemita da propaganda neonazista, sussurrada ou aberta, justificando *a posteriori* a "solução final".

O processo Slansky propunha uma terceira ou quarta versão do imortal plano Morgenthau. De uma maneira característica, esse prego foi deixado para o final. A última "testemunha", Simon Orenstein, revelava que a fundação do Estado de Israel foi o resultado de um "plano Morgenthau", acertado entre Truman, Acheson, Ben-Gurion e Morgenthau, durante uma

▪ ▪ ▪

▹ os judeus, escreve Rosenberg: "Im Falle eines Angriffs gegen die jüdische, speziell gegen die sionistisque Welipolitik treten gewöhnlich die 'religiösen' und 'assimilatorisch' Vereinigungen auf und betonen ihre 'grudsätztiche Gegnerschaft' dem national jüdischen Sturmtrupp gengenüber. Diese Finte der getrennt marschierenden Herrscharen Israels hat ihre Wirkung bisher nicht verfehlt, es ist deshalb am Platze kurz nachzuweisen, dass alle diese verschiedenen Veringungen im Grunde selbstverständtich einig sind mit den Zielen des potitischen Kampftrupps des Judentums." (Em caso de ataques contra a política judaica, especialmente a política mundial sionista, com frequência, as associações "religiosas" e "assimilacionistas" elevam a voz e sublinham sua "hostilidade de princípio" à tropa de assalto nacional judaica. Até agora esse estratagema das legiões de Israel se revelou eficaz. Por isso, é oportuno demonstrar brevemente que todas essas diferentes associações estão, no fundo, de acordo com os objetivos do grupo de combate político do judaísmo.) *Der staatsfeindliche Zionismus*, p. 80. Seguia-se a "demonstração" antissionista, escorada em nomes como o de Morgenthau. A maneira precisa com que essa demonstração foi adaptada, trinta anos depois, às necessidades do stalinismo escapa ao recorte do presente trabalho.

35 O "plano Morgenthau" foi elaborado a pedido do presidente Roosevelt e recebeu a aprovação dos governos inglês e soviético; considerava uma reconversão da economia alemã depois da guerra, estimulando a produção agrícola, às custas da produção industrial.

"reunião conspiradora" que ocorrera em Washington, no fim do ano de 1947. Tratava-se de dar um golpe decisivo na União Soviética, graças à instalação, em Haifa, de uma base militar secreta; para melhor camuflar esse sinistro projeto, foi acertado "que Israel fingirá neutralidade para poder servir de base aos dirigentes sionistas encarregados de conduzir, a serviço do imperialismo estadunidense, a espionagem e as diversões nos países de democracia popular e na URSS. Tais objetivos só foram conhecidos dos iniciados, sob a designação de plano Morgenthau"[36].

Um tema desse tipo constituía uma indireta, evidente aos neonazistas que se agitavam na Alemanha, logo em seguida à assinatura do acordo de Luxemburgo sobre as reparações às vítimas do racismo. Isso era a exploração imediata, a excitação, na vizinha Alemanha, do velho antissemitismo hitlerista, por meio do rádio e da imprensa. Mas houve também a exploração diferida, a reserva de um material "conservado para as necessidades de eventuais processos a explorar ulteriormente"[37].

Já a partir da instrução "todos os inquéritos importantes eram traduzidos para o russo"[38]. Isso de 1951 a 1952. Ora, na segunda metade de 1968, a imprensa soviética, durante sua campanha contra o socialismo tchecoslovaco, acusava homens como Jiri Hajek, o ministro dos Negócios Exteriores, e Eduard Goldstücker,

36 Ver o inquérito oficial (*Proces... sprisahaneckeho centra na cele s Rudolfom Slanskym*), Praga, 1953, p. 519-524, e *Rude Pravo*, 26 nov. 1952.

37 A. London, op. cit., p. 303.

38 Ibidem, p. 84.

presidente da União dos Escritores tchecos, de serem judeus sionistas, denunciadores, agentes da Gestapo[39]. Os jornalistas soviéticos não são mais fantasiosos do que os dos outros países, e não inventavam nada por conta própria; fiavam-se, isso é evidente, em arquivos, em dossiês – isto é, no material estocado na época do processo Slansky... Será que foi esse material, sob a forma de uma ficha policial, que determinou o misterioso assassinato em Praga, no verão de 1967, de Charles Jordan, diretor da Joint?[40]

Falta dedicar um instante de reflexão às confissões ou aos temas que não foram utilizados, aos dossiês que, como todos os dossiês do mundo, só querem servir, àqueles inquéritos nos quais os dirigentes consignavam que Anna Pauker era judia, portanto sionista,

▪▪▪

39 No começo de setembro de 1968, os *Izvestia* acusavam Jiri Hajek de pensar em restabelecer a Pequena Entente, em se aproximar da Alemanha Federal e de já ter restabelecido relações diplomáticas com Israel. Depois, as acusações foram mais precisas: "O sr. Hajek se colocou a serviço da Gestapo, que lhe salvou a vida e, por isso, mudou o nome de Karpeles para o de Hajek." Karpeles é um nome judeu; Hajek nunca foi chamado assim; os *Izvestia* o haviam confundido com um homônimo, condenado no tempo do processo Slansky, e depois reabilitado. O erro ressalta mais claramente como são utilizados os dossiês desse processo, que acreditamos estejam classificados por ordem alfabética. Ver *Le Monde*, 5 set. 1968.

Goldstücker era atacado na *Literaturnaia Gazeta* (2 out.), na qualidade de "liberal de muitas caras": "Em 1950, foi nomeado embaixador em Israel, mas foi chamado de volta menos de um ano depois; na Tchecoslováquia, foram intentados alguns processos sem fundamento, tal como pareceu mais tarde, a uma série de dirigentes, acusados de ligações criminosas com o sionismo mundial. Foi uma das principais testemunhas de acusação contra Slansky, de boa vontade, garantem [...]."

40 Ver R.H. Estabrook, The Death of Charles Jordan, em Ronald I. Rubin (ed.), *The Unredeemed: Anti-Semitism in the Soviet Union*, Chicago: Quadrangle, 1969.

que o Marechal Tito era sionista, portanto judeu[41], enfim, que o próprio PC francês...[42]

Tudo leva a crer que o processo Slansky deu plena satisfação a seus encenadores, pois pouco depois iam montar em Moscou um negócio ainda maior, que ficou famoso sob o nome dos assassinos de bata branca. Dessa vez, a codificação era totalmente transparente, se é que ainda se podia falar de codificação. A grande palavra-código era Joint, a obra filantrópica dos judeus estadunidenses. Um grupo de médicos, dizia o comunicado oficial, "seguindo as instruções da organização internacional judaica burguesa-nacionalista Joint", havia assassinado os dirigentes soviéticos Jdanov e Scherbakov, e estava prestes a cometer uma série de outros assassinatos médicos.

Cada jornal soviético fantasiava à sua maneira sobre o tema. Segundo o *Právda*,

41 "Tito é judeu, e não apenas Pijade, mas Rankovitch também; são sionistas fascistas; Tito está a serviço do complô sionista internacional contra o socialismo; por que vocês não falam das visitas secretas de Ben-Gurion a Tito? Com o traidor Clémentis, vocês tramaram um complô contra o regime. Quando tiveram um encontro com ele, *vocês sabiam* que ele era um inimigo declarado do socialismo, um sujo espião anglo-francês. Enganador sionista, vermezinho leproso, não riam!" Mordekhai Oren, *Prisonnier politique à Prague*, Paris, p. 219, col. Temps modernes.

42 "As acusações mais mirabolantes, as mais injuriosas foram proferidas contra os dirigentes do Partido Comunista Francês e sua política durante a guerra. Todas as medidas de intimidação, os ataques foram utilizados para tentar me extorquir declarações comprometedoras contra os dirigentes comunistas franceses. Assim, teriam mantido durante toda a guerra, no seio do Partido, um organismo dirigente do trotskismo europeu, o MOI, seção da IV Internacional, cheio de sionistas, cujos três responsáveis eram judeus.", A. London, op. cit., p. 153-154.

> a maior parte dos participantes do grupo terrorista – Vovsi, B. Kogan, Feldman, Grinstein, Ettinguer e outros – havia sido comprada pelo serviço de informações estadunidense. Foram recrutados por uma filial desses serviços – Joint, a organização internacional judaica burguesa-nacional [...] Assim confessou o acusado Vovsi, que recebeu dos Estados Unidos a ordem de "exterminar os quadros dirigentes da URSS". Tais ordens lhe foram dadas, em nome da organização de terrorismo e espionagem Joint, pelo dr. Schimeliovitch e pelo nacionalista burguês judeu muito conhecido Mikhoels. A captura do bando dos médicos insufladores é um golpe dado à organização judaico-internacional-sionista. Todos podem ver agora quais "benfeitores" e quais "amigos da paz" se escondem sob a insígnia da "Joint".[43]

Segundo o *Izvestia* do mesmo dia, que citava os mesmos patronímicos tipicamente judeus,

> a maioria dos participantes do grupo terrorista – Vovsi, B. Kogan, Feldman, Grinstein, Ettinguer e outros – venderam suas almas e seus corpos à filial dos serviços de informação estadunidenses, a organização internacional judaica burguesa-nacional Joint. Inúmeros fatos irrefutáveis permitem desvelar a cara horrível desse ignóbil organismo de espionagem sionista.

A campanha que se seguiu durante as semanas seguintes apelava para o "ódio popular"[44] e punha

43 *Právda*, 13 jan. 1953.

44 *Právda Ukrainy*, 16 jan. 1953.

em guarda contra os "crimes sionistas"[45], esta "matilha de cães enraivecidos de Tel Aviv"[46]. Os incidentes antissemitas se multiplicam nas ruas; nos hospitais, os doentes enlouqueciam e se recusavam a ser tratados por judeus. As autoridades se mantinham inertes: nesse meio tempo, os próprios termos antissemita e antissemitismo não eram encontrados na imprensa soviética. Um dos jornais que quebrou esse tabu foi a *Krasnáia Zvezda*, o órgão das forças armadas: a luta contra o sionismo, escrevia ele em 20 de fevereiro, nada tem a ver com o antissemitismo[47].

Essa transgressão não deixa de ser significativa. Com efeito, parece certo que Stálin já havia ordenado a deportação para todos os judeus soviéticos. Grande número deles acreditavam iminente esse novo golpe de sorte (os relatos, as memórias se misturam nesse ponto). Enquanto isso, uns, por precaução, queimavam seus livros em ídiche ou hebraico, outros se muniam de papéis falsos, graças à complacência ou à venalidade de alguns funcionários[48]. Mais tarde, os arquivos que se entreabriram aqui e ali confirmaram que o NKVD recebera instruções correspondentes[49]. A rede

45 *Trud*, 13 fev.

46 *Právda*, 13 fev.

47 Ver L. Aragon, *Histoire de l'URSS de 1917 à nos jours*, t. 2, Paris, 1963, p. 290.

48 Ver diversos detalhes em B.Z. Goldberg, *The Jewish Problem in the Soviet Union*, New York, 1961, p. 104s.

49 A propósito, eis o testemunho de um professor universitário polonês: "Em 1957, um velho amigo bielorrusso, funcionário do Partido numa cidade da Bielorrússia, me contou que, quando, depois da execução de Béria, a comissão do comitê regional do Partido começou a examinar os arquivos do NKVD regional, encontrou uma circular do ministério da ▸

sionista montada nesse meio tempo, nas prisões de Praga e alhures, se espalhava pela Rússia inteira[50]. O exército soviético, encarregado sem dúvida de auxiliar na enorme e difícil operação, se opôs a ela? E essa oposição teve algo a ver com o curso que os acontecimentos tomaram em seguida?

Stálin, continuador de Hitler, uma nova "solução final" sob a capa de uma terminologia? Durante algumas semanas, tudo pareceu possível. Quis o acaso que o prêmio Stálin da Paz, atribuído a Iliá Ehrenburg, lhe fosse solenemente entregue a 27 de janeiro de 1953. Esse

▪ ▪ ▪

▹ Segurança do Estado, relativa à deportação dos judeus. Dizia a circular que, a partir do recebimento de uma ordem cifrada, a operação devia ser executada o quanto antes e com a maior rapidez. Insistia na necessidade de mobilizar, no momento desejado, todas as forças da polícia, os meios de transporte etc. Numa palavra, tratava-se de uma operação quase militar.

Boatos duradouros sobre a evacuação dos judeus circulavam também em Moscou, e não apenas entre os judeus. Ainda por volta de 1957, encontrei um comunista judeu, um velho intelectual que vivera na Polônia até 1939, mas que, depois da guerra, decidira permanecer em Moscou. Ocupava um pequeno quarto, num apartamento coletivo. Com uma dor verdadeira, ele me contou que, por ocasião das semanas críticas da 'questão dos médicos', um vizinho tentou convencê-lo a trocar de quarto com ele, porque, em breve, ele seria evacuado de qualquer maneira." (Comunicação particular.)

50 M. Oren, op. cit., p. 303-316 ("Organizei uma Rede Sionista Clandestina na União Soviética"): "Conte, portanto, qual foi a sua parte na organização desse grupo clandestino, com todos os detalhes: as datas, os nomes dos cidadãos soviéticos, o lugar em que se encontravam, a estrutura da rede, seus objetivos e seu programa. [...]

– Eu nunca estive na União Soviética.

– Não é importante. Vamos esclarecer isso também. Sabemos que o senhor esteve lá. Voltaremos a falar disso. Mesmo que não tenha estado lá, o senhor organizou uma rede sionista por lá, embora se encontrasse em outro país. Os traidores tchecoslovacos de Londres organizam e dirigem de lá os contrarrevolucionários do nosso país. Allen Dulles, que o senhor conhece muito bem, se encontra no Estados Unidos e de lá dirige organizações contrarrevolucionárias nos países socialistas, sem ir até eles."

judeu doravante deportável, esse "sionista", cercado dos notáveis soviéticos, de Louis Aragon e de Anna Seghers, pedia durante a cerimônia um momento de recolhimento: "No curso desta solenidade, na branca sala cerimonial do Kremlin, quero recordar os defensores da paz, caçados, perseguidos, torturados, assassinados pelas forças da reação, quero lembrar a noite das prisões, os interrogatórios, os processos, o sangue."[51]

Para a galeria, tratava-se dos defensores da paz estadunidenses; nesse estágio do delírio, a língua de Esopo podia ser falada sem o menor perigo.

Resta-nos dizer algumas palavras sobre a campanha antissionista em Berlim Oriental, o terceiro vértice do triângulo estratégico. Por falta de judeus, os administradores de Stálin tiveram de escolher seus sionistas entre os dirigentes do antigo partido comunista alemão, Merker, Jungmann e alguns outros. A bula de excomunhão foi lançada a 20 de dezembro de 1952[52]. Esses sionistas haviam assinado suas confissões de antemão. Não tinha Paul Merker qualificado de "bens judeus" as empresas *arianizadas* sob o Terceiro Reich, e preconizado sua restituição? Exigiu o açambarcamento dos bens do povo alemão, nesses termos: "A reparação dos prejuízos causados aos cidadãos judeus diz respeito tanto àqueles que retornaram à Alemanha quanto àqueles que quiseram ficar no estrangeiro." Ernst Jungmann também "pedira que não se impedisse

51 *Právda*, 30 jan. 1953.

52 Resolução do Comitê Central do Partido S.E.D.; ver Hermann Matern, Lehren aus dem Prozess gegen das Verschwörersentrum Slansky, *Über die Durchführung des Beschlusses des ZK der SED*, Berlim, 1953, p. 56-58.

os judeus de partirem para a Palestina, que é hoje uma agência estadunidense". Ainda mais grave: "Merker, que reconhece em palavras a culpabilidade da classe operária alemã e de todo o povo alemão, no que concerne à vitória do fascismo, nega perfidamente na realidade essa culpabilidade, pois isenta explicitamente dessa a população judaica alemã." Restava provar que ela fosse mais culpada do que qualquer outra.

Em 1952, na República Democrática Alemã, a população judaica aumentava a três ou quatro mil pessoas com a idade média de mais de cinquenta anos. Foi colocada sob a vigilância direta das autoridades ocupantes. Em dezembro, o coronel Tulpanov, comandante das tropas soviéticas, convocava alguns dirigentes comunitários, para informar-se sobre os usos e costumes dos sionistas: "De onde suas comunidades recebem suas instruções? Recebem-nas da mesma maneira que a Igreja de Roma? Recebem cartas pastorais? E por que motivo a Joint lhes envia pacotes de alimentos?" Em março de 1953, a questão foi evocada pelo NKVD, que pediu as listas dos membros das comunidades, e procurou informar-se sobre seus laços de parentesco, na Alemanha. Ao mesmo tempo, as campanhas antissionistas irrompiam na imprensa da Alemanha Oriental, associando Adenauer a Morgenthau e a Ben-Gurion. As deportações pareciam iminentes. Ignora-se tudo do processo que, segundo a prática, deveria tê-las orquestrado.

■ ■ ■

Aqueles que nasceram antes de 1939 se recordam talvez da surda e permanente angústia em que a "guerra fria" mantinha toda a Europa nesse tempo. Velha mãe das religiões, o medo fortalecia nos partidários de Stálin a fé em sua bondade, sua onisciência e sua onipotência. As campanhas antissionistas aumentavam a tensão internacional. Os grandes jornais comunistas dos países ocidentais punham as populações em guarda contra a espionagem estadunidense:

> Eis que hoje os patrões estadunidenses dos médicos criminosos ocupam nosso país; todas as organizações de espionagem criadas por eles – e a Joint em particular – operam aqui mesmo. Quem pode imaginar que essas oficinas não procuraram introduzir entre nós seus agentes e seus provocadores? (Etienne Fajon[53]).

Dez médicos comunistas foram encarregados de amordaçar as dúvidas e assinaram uma declaração pré-fabricada atestando que os médicos de Moscou eram realmente envenenadores[54]. Por sua vez, os órgãos destinados às elites comunistas enfatizavam o sionismo internacional. Em *La Nouvelle Critique*, Maxime Rodinson garantia que a União Soviética era o paraíso dos judeus, explicava que os sionistas eram separatistas, colonialistas, racistas e capitalistas, e, ensaiando-se timidamente na demagogia, escrevia que eles "levam os judeus ao matadouro, provocam a União Soviética e se tornam cúmplices do antissemitismo"[55]. Na mesma

53 *L'Humanité*, 17 jan. 1953.

54 Os doutores Yves Cachin, Henri Chrétien, Jean Dalsace, Hector Descomps, Pierre Frumusan, Paul Hertzog, Victor Lafitte, Raymond Leibovici e Jeanne Lévy. Ver os detalhes fornecidos depois a esse respeito, por Maurice Thorez, *L'Humanité*, 10 out. 1963.

55 Sionisme et socialisme, *Nouvelle Critique*, fev. 1953, p. 49.

revista, Francis Crémieux descrevia os planos de campanha dos imperialistas, reconstituindo não sem felicidade a estratégia fantasiada pelos administradores de Stálin:

> Em junho de 1948, o Bureau de Informação dos Partidos Comunistas e Operários denuncia a direção titista; o malogro é pungente para os serviços anglo-saxões. Visto que o objetivo desses serviços não era tanto fazer com que a Iugoslávia abandonasse a família das nações socialistas. Seu objetivo era servir-se desse Estado como um canal para contaminar pelo nacionalismo os aparelhos de Estado das democracias populares. Ora, eis que perdem esse trunfo, os agentes de Tito: Rajk na Hungria, Kostov na Bulgária. A rede titista é queimada.
>
> Os estadunidenses jogam então novas reservas na batalha. Inúmeros canais de infiltração nas democracias populares lhes são fechados: sua utilização das organizações religiosas de beneficências como a rede *Caritas* na Polônia e na Tchecoslováquia, foi desmascarada; sua utilização das agências comerciais e das agências de notícias foi desmascarada; a ação do Vaticano, com Mindszenty especialmente, e da hierarquia religiosa, a utilização das legações do Vaticano e das embaixadas dos países marshallizados foi desmascarada. Somente as organizações sionistas, as missões israelenses ainda se apresentam virgens, ou quase, de suspeita.[56]

Os governos árabes parecem ter avançado ainda mais, no âmago da visão stalinista. A Rádio Damasco lembrava

56 Le Sionisme et la question juive, *Nouvelle Critique*, mar. 1953, p. 28.

que, outrora, os judeus haviam matado o tsar e sua família; para a Rádio Bagdá, eram uma serpente que o povo russo havia alimentado em seu seio; exagerando, a Rádio Damasco lhes atribuía a própria doença de Stálin.

Na França, o conjunto da imprensa não comunista via as coisas de outro modo, e examinava o antissemitismo na União Soviética; mas já apareciam aqui e ali certos matizes. O mais notável via a luz em *L'Observateur*, onde G.M. colocava a questão no plano teórico para "lembrar que as posições assumidas pela maioria dos marxistas (e não apenas pelos membros do partido comunista) diante do fenômeno sionista inspiram-se numa análise do problema judaico desenvolvida muito antes da existência do próprio movimento sionista"[57].

Essa análise era *A Questão Judaica* de Karl Marx. Esse duvidoso escrito de juventude se via lançado na batalha pela primeira vez. Lênin e os outros velhos bolcheviques, para os quais os escritos de Marx ainda não eram as Escrituras, jamais se haviam referido a ele. G.M. dava diversas citações dessa obra – com exclusão das piores[58] – para concluir: "É fácil mostrar a continuidade de pensamento que existe, a propósito, entre o fundador do socialismo científico e seus discípulos." Nos números seguintes, *L'Observateur* publicava algumas cartas de protesto, entre as quais a de Pierre Naville.

Não podemos nos entregar a um exame, mesmo que seja sumário, dos diversos setores da opinião pública

57 G.M., Marx et la question juive, *L'Observateur*, 4 dez. 1952.

58 Sobre a *Questão Judaica* de Marx, ver nosso *Histoire de l'antisémitisme*, t. 3, p. 432-440. (Trad. bras.: *De Voltaire a Wagner*, São Paulo: Perspectiva, 1986, Estudos 65.)

de 1952-1953, cuja comparação com a de 1968-1969 poderia revelar-se instrutiva. Assinalemos um número especial da revista *Evidences*, no qual alguns autores – Roger Caillois, Rémy Roure, Jean Schlumberger, Robert Verdier – já identificavam o antissionismo do brutal 1952 ao antissemitismo. Jean Duvignaud tentava enxergar mais longe:

> Até agora, esse tipo de generalizações, que apela para os sentimentos confusos do inconsciente coletivo, permanecia interno à ideia revolucionária: o "trotskismo" e o "titismo" eram heresias. O "antissionismo cosmopolita" implica uma segregação de humanidade inteira, dirige-se menos à consciência revolucionária que à consciência "nacionalista", para não dizer mais, fala às massas obscuras, não à classe. Aí reside a gravidade da questão.[59]

Jean-Paul Sartre observava, em janeiro de 1952, que o antissemitismo, doravante, não ousava mais dizer seu nome:

> O antissemitismo hoje não é mais uma doutrina. Drumont não é mais possível. Os partidos de direita que outrora professavam um antissemitismo sistemático foram substituídos por grupos que não se ligam mais à direita, que nem ousam mesmo dizer seu nome.
>
> Por outro lado, é evidente que hoje assistimos a um antissemitismo "de esquerda". As declarações de Zapotocky, por exemplo, são extremamente perturbadoras.

59 *Evidences*, dez. 1952.

> Faltam-nos evidentemente informações suficientes para analisar os motivos profundos dos dirigentes da democracia popular tcheca.[60]

Antissemitismo de esquerda ou antissemitismo do Leste? As informações não tardaram a afluir; mas nas *Lettres françaises* (Cartas Francesas) de Louis Aragon foram precisos quinze anos para surgir um começo de resposta:

> Nossa amizade e nossa confiança para com a União Soviética não eram por certo dirigidas a uma grande potência, mas a uma grande esperança, a uma jovem esperança ameaçada. Nunca falhamos a isso desde então, e isso nem sempre era fácil. Nossos leitores teriam mesmo o direito de nos ce nsurar o termos feito, nos tempos da Guerra Fria, dessa confiança uma fé que nos tornava cegos a coisas que rebentavam olhos menos maravilhados que os nossos.[61]

■ ■ ■

A 5 de março de 1953, morria Stálin. Um mês depois, o mundo era informado de que não ia realizar-se o processo do sionismo. Um comunicado do Ministério do Interior anunciava que as prisões haviam sido ilegais, as acusações falsas, as confissões, extorquidas sob tortura. Dois dias depois, o *Právda* ia mais longe: denunciava dois altos funcionários, Riumin e Ignatiev,

■ ■ ■

60 Entrevista dada a *Evidences*, jan. 1952.

61 *Lettres françaises*, 5 fev. 1969.

que "haviam procurado fomentar no seio da sociedade soviética [...] sentimentos de ódio nacional, que lhe são profundamente estranhos". Para tanto, tinham, "por exemplo, caluniado desse modo uma honesta personalidade soviética, o artista do povo Mikhoels"[62].

Na realidade, Mikhoels estava morto – uma morte violenta[63] – há mais de cinco anos. Por que somente o seu nome era citado, e coberto de honras, com a exclusão dos nomes dos seis médicos? Não se sabe nada a respeito e todos os detalhes da maquinação permanecem obscuros. Continua sendo verdade que as autoridades *confessavam*, dessa forma, que o objetivo da provocação antissionista era fomentar o antissemitismo. Mas evitavam chamá-lo pelo nome; e mesmo essa meia confusão, reiterada no dia seguinte, nunca mais voltou às páginas da imprensa.

Timidamente, os sucessores de Stálin tentavam tirar o país da barafunda intelectual e moral em que havia mergulhado. Mas a regressão fora demasiado profunda. Raramente na história, o pensamento fora escravizado dessa maneira. Quando Béria foi executado, no verão de 1953, não é o seu desaparecimento que importa, é – lembram-se? – a ordem encaminhada a todos os assinantes da *Grande Enciclopédia Soviética* para que recortassem o artigo que lhe fora dedicado, remetessem-no às autoridades e colassem no lugar a descrição do mar de Behring. Os sucessores de Stálin

62 *Právda*, 6 abr. 1953.

63 A morte de Mikhoels foi atribuída, oficialmente, a um acidente de carro, ocorrido a 13 de janeiro de 1948; mas tratava-se, provavelmente, de um assassinato policial. Ver B.Z. Goldberg, op. cit., p. 100-101.

estavam presos por vinte anos de cumplicidade; eram os aproveitadores dos grandes expurgos, ao mesmo tempo que seus sobreviventes; era escabroso, talvez impossível, inverter a marcha dos acontecimentos. No máximo, ouviam-se algumas vozes no meio do povo: *teremos os judeus* outra vez[64]. Os médicos foram libertados, mas dezenas de milhares de judeus continuavam a ser detidos nos campos; na Tchecoslováquia e outros locais, outros processos antissionistas seguiam seu curso. No entanto, a propaganda antissionista foi atenuada, e depois da morte de Béria, foram reatadas as relações diplomáticas com o Estado de Israel.

Três anos mais tarde, por ocasião da 20ª Conferência do Partido, chegou a hora da reabilitação solene das vítimas do stalinismo. Então, os judeus aprenderam de maneira mais precisa em que situação se encontravam. As vítimas eram reabilitadas ou nominativa, ou coletivamente, pois havia sido feita justiça a algumas nacionalidades perseguidas por Stálin (alemães do Volga, chechenos e inguches do Cáucaso). Essa justiça não foi estendida aos judeus. No plano coletivo, somente um jornal polonês, publicado em ídiche, é que descreveu a tragédia dos judeus soviéticos[65]. Pouco depois, este jornal, o *Folks-Sztyme* (Voz do Povo), era proibido na União Soviética. As reparações, se é que houve alguma, eram feitas discretamente, quase com vergonha, quando se tratava de judeus, como testemunha o

64 Exclamações de um chofer de táxi, em abril de 1953; ibidem, p. 140.

65 Notre peine et notre consolation, 4 abr. 1956. (Ver François Fejtö, *Les Juifs et l'antisêmitisme dans les pays communistes*, Paris, 1960, p. 176s.)

caso abaixo, provavelmente o da viúva Schimeliovitch: "A viúva foi avisada, recentemente, que seu marido fora reabilitado e que iriam restituir-lhe seu apartamento e pagar-lhe uma boa pensão. Mas, quando ela solicitou que se comunicasse ao pessoal do hospital, que se elevava a 2,5 mil pessoas, que seu marido não fora um inimigo do Estado, responderam-lhe que isso 'exigia uma decisão ulterior'."[66]

Além disso, os envenenadores de bata branca, todos judeus na época da acusação, tornaram-se médicos judeus, russos e ucranianos no tempo da reabilitação[67]. Foi esse o estilo khruscheviano, que importa conhecer, porque no caso a União Soviética, com exceção de algumas nuanças, ainda continua a viver sob o signo de Nikita Khruschev.

O "sr. K." falou muito dos judeus, entre 1956 e 1963. À maneira de quase todos os homens públicos do terceiro quarto do século XX, ele se empenhava em proclamar que não era antissemita: em defesa, dizia que tinha amigos judeus, como o general Kreizer, e, que um de seus filhos havia desposado uma judia. Mas a ideia que ele formava dos judeus não estava isenta dos julgamentos estereotipados de antanho:

> Em todos os tempos, os judeus deram preferência aos ofícios artesanais; são alfaiates, trabalham o vidro ou pedras preciosas, são comerciantes, farmacêuticos, marceneiros de boa vontade. Mas, se pegarem a construção

66 S.M. Schwarz, op. cit., p. 246. O dr. Schimeliovitch, antes de sua prisão, dirigia o hospital Botkin, o maior de Moscou.

67 B.Z. Goldberg, op. cit., p. 106.

> civil ou a metalurgia, profissões de massa, vocês não encontrarão um único judeu, até onde sei. Detestam o trabalho coletivo, a disciplina de grupo. Sempre foram dispersos. São individualistas. [...]
>
> E seus interesses afinal são muito diversos e muitas vezes opostos demais para que tenham condições de satisfazê-los numa região em que se encontrassem todos juntos, frente a frente. Isso não depende dos não judeus. Uma verdadeira comunidade cultural judaica não é mais realizável do que uma comunidade política: os judeus se interessam por tudo, aprofundam tudo, discutem sobre tudo e acabam por ter divergências culturais profundas.
>
> Na URSS, existem nacionalidades menos numerosas que os judeus, e que gozavam no início de trunfos menores. Mas essas nacionalidades não judaicas estão aptas a organizar a existência em comum. Por isso, para elas, é possível forjar instituições nacionais duradouras. Eu poderia citar inúmeros exemplos. Não se pode lutar contra a vontade de criação nem contra a vontade negativa. Por isso, é que sou cético quanto à permanência das coletividades judaicas.[68]

Perante um grupo de comunistas canadenses, Khruschev se expandia com maior liberdade, e enumerava os "traços negativos dos judeus":

> Quando os territórios romenos, ocupados pela reação no tempo da Revolução, foram reintegrados à União

68 Entrevista a Serge Groussard, *Le Figaro*, 9 abr. 1958.

> Soviética, grande número de judeus preferiram partir para a Romênia, em vez de aceitar a cidadania soviética.
>
> Depois da libertação de Tchernovitz [na antiga Romênia], as ruas da cidade ficaram muito sujas. Quando se perguntou aos judeus por que não se limpavam as ruas, responderam que a população não judia, que era encarregada da limpeza, havia fugido da cidade.

Os judeus revelavam, pois, seus "traços negativos" tanto se deixassem a Romênia como se ali ficassem. Continuava Khruschev: "Na União Soviética, do mesmo modo, milhares de cidadãos soviéticos fizeram viagens de turismo ao estrangeiro. Apenas três não regressaram. Todos os três, judeus. Em toda a parte onde se instala um judeu, ele cria logo uma sinagoga."

Essas conversas claras e francas, relativamente benignas, eram seguidas de uma confissão cheia de sentido: "Ele, Khruschev, havia concordado com Stálin: a Crimeia, despovoada no final da guerra, não devia tornar-se um centro de colonização judaica, porque, em caso de guerra, se transformaria numa cabeça de ponte antissoviética."[69]

O governo de Nicolau II não raciocinava de maneira diferente, pois, no momento do avanço alemão entre 1915 e 1916, evacuava os judeus às centenas de milhares para a retaguarda, sob o pretexto de espionagem ou de traição. Seria de espantar que a nova tradição soviética, tal como a antiga tradição tsarista, os mantivesse

---

69 S.M. Schwarz, op. cit., citando o ex-comunista canadense J.B. Salsberg, Talk with Soviet Leaders on the Jewish Question, *Jewish Life*, fev. 1957.

afastados das grandes funções de influência e de autoridade, e evitasse confiar-lhes responsabilidades políticas, militares ou diplomáticas? No tempo dos tsares, ao menos podiam provar sua fidelidade caso se batizassem... Uma nacionalidade tão pouco segura não seria melhor que desaparecesse? Por diversas vezes, vários dirigentes soviéticos garantiram que os judeus se assimilavam progressivamente na URSS e qualificaram como positiva esta tendência. Mas, na prática, tudo ocorre como se o regime procurasse contrariar a assimilação dos judeus. Os cidadãos soviéticos de nacionalidade judaica são objeto de uma discriminação e se, individualmente, são muitíssimo apreciados os serviços que podem prestar, em especial, nas ciências e nas técnicas, coletivamente sua nacionalidade, em alguns casos específicos, ainda serve de bode expiatório para as nacionalidades irmãs. O estatuto pelo qual é regida não deixa de lembrar, pelo menos em teoria, os "estatutos dos judeus" elaborados na Europa continental entre 1933 e 1945; esse estatuto é portanto, se quisermos, "objetivamente sionista". E o que precisamos ver de mais perto.

■ ■ ■

No momento, o número de judeus soviéticos é de aproximadamente três milhões. Em comparação, algumas centenas de milhares de judeus vivem nos países socialistas do talude, especialmente na Romênia e na Hungria. Na teoria, e muitas vezes também na prática, têm liberdade de serem ou não judeus, de emigrarem ou se assimilarem, de lerem seus próprios jornais ou assinarem os do país, de enviarem seus filhos às escolas de sua escolha. Em compensação, os judeus soviéticos não têm liberdade de não serem o que são, pois um regime que diz desejar-lhes a assimilação continua a manter uma legislação que a torna administrativamente impossível. Digamo-lo de uma vez: desde a morte de Stálin, como um todo, a situação dos judeus não é trágica; talvez o seja mais ver a URSS empurrada, pensando bem, para um impasse semelhante ao da Igreja medieval, que se esforçava ao mesmo tempo para preservar pela segregação e suprimir pela conversão o "povo testemunha" dos judeus.

Ao contrário dos judeus das outras repúblicas socialistas, os da URSS não tinham jornais, nem escolas, nem instituições culturais laicas; judeus por estado civil, tinham acesso apenas a culturas não judaicas; a única maneira de afirmarem sua identidade coletiva era a prática religiosa. Com efeito, o culto judaico é autorizado, teoricamente nas mesmas condições que os outros cultos. Na realidade, também nessa matéria existe a discriminação: as sinagogas não podem federar-se entre si, nem formar rabinos, nem imprimir livros de orações – mas o hebraico não é uma língua sionista? –; a imprensa soviética se engenha em descrevê-las como oficinas de especulação ou de espionagem, pelo menos como oficinas sionistas. E as campanhas anticlericais ou antiobscurantistas degeneram, muitas vezes, quando criticam a lei de Moisés, em campanhas abertamente antissemitas.

Alguns talvez se lembrem do *Judaísmo Sem Retoque*, de Trofim Kitchko (1963). O texto e, principalmente, as ilustrações desse livro suscitaram a indignação dos partidos comunistas ocidentais. Afirmava a *Unità*: "Devemos lutar contra fenômenos como esses. A abstenção, ou mesmo uma luta hesitante, só podem prejudicar a União Soviética e fazer que a consciência do proletariado internacional duvide dela."[70] *L'Humanité* criticava especialmente as caricaturas: "A apresentação, senão o conteúdo dessa brochura é suscetível de alimentar os ódios antissemitas. Com efeito, ela é ilustrada por várias caricaturas malévolas e de mau gosto, que correm o risco de lisonjear e favorecer os sentimentos de desprezo."[71] No Ocidente, a crítica era unânime e, pouco depois, o *Právda* reconhecia que "uma série de afirmações errôneas, contidas no livro, bem como as ilustrações, podem ofender os sentimentos dos fiéis e ser interpretadas num sentido antissemita"[72]. *O Judaísmo Sem Retoque* foi retirado de circulação. A pressão da opinião pública internacional se mostrou atuante. Mas o escândalo Kitchko foi pouco a pouco esquecido, e já em 1967 ou 1968, esse propagandista retomou sua atividade antijudaica.

Outros propagandistas fizeram muito mais, sem que por isso fossem censurados pelos partidos comunistas ou progressistas ocidentais. Mas quem, no Ocidente, se lembra de como os *Protocolos dos Sábios de Sião* foram transformados em Praga no "Protocolo Morgenthau"? Na União Soviética, tais delírios continuam a

---

70 *Unitá*, 29 mar. 1964.

71 *L'Humanité*, 24 mar. 1964.

72 *Právda*, 4 abr. 1964.

alimentar a chamada propaganda antirreligiosa: "Sabe-se que, em 1947, os dirigentes sionistas foram convidados a Washington. Soube-se mais tarde que, durante uma conferência secreta. Truman, Acheson e o ministro Morgenthau concluíram com Ben-Gurion e Sharett um acordo segundo o qual todas as organizações sionistas e a diplomacia israelense deviam cumprir as tarefas dos serviços de informação estadunidenses."[73]

Prossegue Mayatzki: "Os verdadeiros senhores do Estado de Israel são os Rockefeller, os Lehmann, os Morgenthau." Na página seguinte, são os espiões da Joint que ele acusa; é muito conveniente que deixe descansar em paz os envenenadores de batas brancas.

Anuncia o prefácio: "A brochura se destina a um círculo vasto de leitores." Lê-se mais adiante: "A religião judaica é uma das formas do obscurantismo religioso; exerceu uma influência considerável sobre o nascimento do cristianismo e do Islã. Por isso, o conhecimento do judaísmo contemporâneo e do sionismo contribuirá para desvencilhar totalmente a consciência dos crentes das representações religiosas."

Mas esses crentes, edificados dessa maneira sobre os malefícios do judaísmo e do sionismo, não encontrarão, na obra de Mayatzki, qualquer outra menção às religiões-filhas, como se Jesus e Maomé nunca houvessem existido. E isso também dá o que pensar. Exclama, Mayatzki: "Os rabinos procuravam convencer os judeus crentes de que os homens são pretensamente filhos de um Deus único, que são todos irmãos.

73 F. Mayatzki, *O Judaísmo Contemporâneo e o Sionismo*, 1964, p. 53.

Esse lema demagógico e radicalmente falso, baseado num princípio biológico, esconde as desigualdades econômicas, políticas e sociais na sociedade de classes e escamoteia suas contradições."

O humanismo marxista na União Soviética se inclui aí?

Outras publicações, outros artigos, se entregam a essa excitação antirrabínica de forma diferente. Não seriam as sinagogas nomeadamente autorizadas a subsistir apenas para servir de alvo a esses desrecalques? O fato é que, na União Soviética, os judeus praticantes se foram tornando cada vez mais raros. Aqueles que observam a lei de Moisés e manifestam alguma assiduidade aos ofícios são, na maioria das vezes, anciãos saudosos dos bons tempos de Lênin – ou de Nicolau II.

É verdade que a sinagoga também serve de local de encontro para um público muito diferente, que já quase não se interessa pelos velhos ritos e cerimônias mosaicas, e que se considera judeu apenas em virtude da comunidade de destino; mas em que outro lugar poderiam encontrar-se? Esses outros visitantes pertencem às novas gerações. A juventude judaica conhece seus problemas e suas preocupações de futuro particulares, sobretudo quando se trata do acesso aos estabelecimentos de ensino superior. A "proporcionalidade" continua sendo a regra, mas não tem mais o nome de *numerus clausus*; é camuflada de uma maneira ou de outra. As autoridades soviéticas às vezes contestam a existência dessas circulares secretas que causam o desespero dos estudantes judeus. De tempos em tempos, alusões mais ou menos sibilinas as revelam: tal como a do acadêmico Constantin Skriabin, em 1962: "A meu ver, um cientista não deve ser julgado pelo seu passaporte, mas do ponto de vista de suas capacidades e de sua utilidade social."[74]

Tanto na União Soviética como no Ocidente, talvez muito mais no Ocidente, a competição é brutal, e uma carreira é antes de tudo uma bolsa e um diploma. No campo científico em especial, a velha geração dos judeus continua sendo a mais bem representada proporcionalmente, e de longe[75], no ensino e na pesquisa, mas não poderá ocorrer o mesmo com a nova geração. Dezenas de milhares de jovens são orientados para as fábricas e escritórios, em vez de poderem cultivar as ciências; não é certo que serão os únicos a perder no caso, e são conhecidos os precedentes históricos. No entanto, parece que de alguns anos para cá se esboça uma evolução para melhor[76].

Segundo a lei soviética, a qualidade de judeu é hereditária; tal como no caso das outras nacionalidades, é determinada pela nacionalidade dos pais e não pelo local de nascimento; os filhos de dois pais judeus são judeus. Mas, no caso dos casamentos mistos, os filhos gozam de um direito de opção, que devem exercer com a idade de dezesseis anos, no momento de emissão de

74 Discurso pronunciado em Moscou, em março de 1962, perante o Comitê Central da Agricultura.

75 Os judeus constituem mais ou menos 1,2% da população soviética, mas sua proporção entre os trabalhadores científicos da URSS, segundo os dados soviéticos datados de 1962, era de mais de 10%. Conforme os mesmos dados, chegava perto de 1%, no que dizia respeito às atividades artísticas e literárias.

76 Ver S.M. Schwarz, op. cit., p. 372 e p. 411: "Parece que, nos últimos anos, essa política de discriminação é aplicada de forma menos rigorosa; mas é certo que continua sendo aplicada."

suas carteiras de identidade. Como em todo lugar, nas sociedades industriais, a juventude soviética manifesta algum pendor para o protesto ou a "contestação"; isto é, a opção judaica goza de certo favor. O instantâneo que segue, datado do verão de 1968, esclarece um pouco as realidades soviéticas sobre a questão:

> Uma jovem de dezesseis anos, de pai grande-russo e mãe judia, devia comparecer ao comissariado de polícia para tirar seu passaporte. A seus familiares, declarou querer optar pela nacionalidade da mãe. Foi improvisado um conselho de família, durante o qual o avô materno, um judeu tradicionalista, advogou a escolha da nacionalidade russa, por ser mais vantajosa na vida cotidiana. A mocinha hesitava e partiu sem ter tomado uma decisão. "E então?", perguntaram-lhe na volta. "Não me atrevi a dizer nada", respondeu. De ofício, o funcionário marcou "russa".[77]

Essa "contestação" se exerce na União Soviética de várias maneiras. Antigamente, os marranos ou criptojudeus da Espanha haviam transformado o "jejum de Ester" em sua festa principal; em nossos dias, os jovens judeus soviéticos, por motivos obscuros, adotaram a festa de "Simhat Tora", que celebram à sua maneira, cantando e dançando nas portas das sinagogas; diz-se que as autoridades o permitem na maioria das vezes. Mas nem sempre, e a desordem na rua recai mais uma vez sobre a sinagoga; segundo o *The New York Times*,

77 Comunicação particular, dez. 1968.

era evidente a liga ção entre a festa e a condenação dos dirigentes da comunidade judaica de Leningrado a longas penas de prisão, "por contatos criminosos com a embaixada de um país capitalista"[78].

De maneira geral, o processo espetaculoso continua sendo a grande forma de intimidação, que permite trazer os nomes judeus a público, num contexto desonroso. Vimos como o martirológio judaico foi passado em silêncio, e como acontecia o mesmo com os heróis patrióticos; em compensação, os criminosos judeus são de bom grado lançados como pasto à indignação popular. Assim, na segunda metade do período khruscheviano, a pena de morte foi restabelecida para os "crimes de economia"; realizaram-se inúmeros processos, que a imprensa soviética publicava com bastante destaque; de cento e quatro nomes de criminosos julgados e executados, perto de sessenta (ou perto de cinquenta; a onomástica é uma arte difícil) tinham nomes judeus[79]. A diversão antissemita era flagrante; a adjunção de acusados não judeus era um tributo à regra imemorial que, pelo menos desde a Idade Média, impunha em caso semelhante os amálgamas ("Judeus e heréticos", "judeus e feiticeiras", "judeus e franco-maçons", "judeus e comunistas").

■ ■ ■

78 *The New York Times*, 12 nov. 1961.

79 Ver S.M. Schwarz, op. cit., p. 325-348. Para os fins necessários, assinalemos que, proporcionalmente, a criminalidade judaica na União Soviética é inferior à criminalidade normal. Schwarz, a propósito, cita especialmente G. Terekhov, o procurador-geral adjunto da URSS e o arquimandrita Juvenal (p. 344-345).

Podemos indagar se os aspectos revoltantes da condição dos judeus soviéticos evocados até agora não correm o risco de deixar o leitor com uma falsa impressão. Mas é próprio do antissemitismo institucional tornar as sombras mais aparentes do que as luzes, sobretudo quando não se ousa dizer seu nome: visto que a camuflagem pode deixar o campo livre às interpretações mais malévolas.

Ocorria o mesmo com a situação administrativa ou jurídica dos judeus. Já dissemos que, na URSS, a nacionalidade é imutável, e se transmite hereditariamente; no caso dos judeus, esse princípio leva a definir como tais aqueles cujos avós, antes da Revolução, quando o estado civil era conservado pelos ministros dos cultos, houvessem nascido na "religião judaica"[80]. Dessa forma, a "nacionalidade judaica" na URSS é determinada pela religião dos avós – tal como a "raça", no Terceiro Reich. Daí poderíamos talvez tirar conclusões interessantes, de ordem histórico-filosófica, sobre a origem comum dos conceitos de nacionalidade e de raça; mas, no tocante aos fatos, uma aproximação, nesse ponto, entre o regime soviético e o nazista daria prova de uma demagogia de que constitui um exemplo obsceno o argumento: sionista = nazista, empregado correntemente

---

80 Recentemente, tive necessidade de tirar uma certidão de nascimento e pude, então, constatar que esta indicava a nacionalidade judaica de meus pais. Ora, nasci em Leningrado, à época São Petersburgo, sob o regime tsarista, e meus pais deixaram a cidade em 1918; os funcionários se haviam reportado ao registro de nascimento, mantido na época, no caso dos judeus, pelo "rabino do Estado". Se meus pais se houvessem convertido, meu registro de nascimento teria indicado, portanto, uma nacionalidade "russa".

na URSS e alhures. Até parece que uma classificação nacional que, na prática administrativa, degenerou da categoria de um instrumento de controle policial, tenha logrado, no Estado multinacional que é a URSS, poupar a alguns judeus soviéticos os problemas e as dores que se observam muitas vezes na França, por exemplo. Assim como nos Estados Unidos, onde é normal cada cidadão fazer parte de uma "comunidade", na URSS o é ser ao mesmo tempo soviético e outra coisa, russo, georgiano, ou judeu. Essas espécies de "dupla nacionalidade" são talvez um traço característico dos impérios.

Para o assimilador consequente que era Ehrenburg, a persistência mesma do antissemitismo é que parecia justificar a da nacionalidade judaica, por ocasião de seu septuagésimo aniversário, declarava em 1961:

> Sou feliz por figurar na classe dos escritores russos. Sei que alguns se interrogam acerca dessas palavras e me lembro dos anos em que, em todas as esquinas de ruas, ouviam-se vociferações contra os "vagabundos sem passaporte" [...] Sim, meu passaporte não diz "russo", diz "judeu" [...] Sou um escritor russo, mas, enquanto subsistir um único antissemita, continuarei a responder vigorosa e orgulhosamente: "judeu".[81]

Ehrenburg conhecia seu auditório. Embora exista na URSS uma discriminação administrativa, não se poderia falar de uma discriminação social. Em particular, o mundo literário, artístico e científico, em suma, a *intelligentsia*

81 *Folks-Styme*, Varsóvia, 7 fev. 1961.

russa como um todo mantém-se ao lado dos judeus soviéticos, que, desse modo, compartilham suas aspirações e seus valores, e, em parte, comungam com ela no mesmo patriotismo. Essa aliança constitui uma vasta oposição não estruturada, cujas manifestações e crítica revestem formas mais ou menos clandestinas. Quanto à matéria, a realidade soviética é apresentada, no máximo, por anedotas significativas. Citemos alguns instantâneos.

Assim, a visita que nos fez, no verão de 1965, uma amiga de infância, cuja identidade não devo revelar na medida em que tem um nome na vida intelectual de Leningrado. Ela nos pediu fotos e uma documentação sobre o Memorial do Mártir Judeu Desconhecido de Paris; não tinha mais tempo de visitá-lo, nos disse ela: "Se não levar essas fotos para meus amigos judeus, eles ficarão muito zangados comigo."

Esse Memorial atrai os soviéticos – que não são necessariamente judeus. Encontramos lá, um dia, um grupo de uns dez engenheiros, enviados em missão aos Estados Unidos. Sua passagem por Paris duraria apenas quarenta e oito horas: mas se empenharam em incluir essa visita em seu rápido programa turístico.

Isso datava de 1963 ou 1964. Essa curiosidade devia ter alguma relação com o grande debate em torno de *Babii Iar*, o poema que, na URSS, por algum tempo fez as vezes de um Memorial às Vítimas Judaicas do nazismo:

> Não existe monumento em Babii Iar
> Vejo apenas uma escarpa abrupta. Tenho medo
> Hoje, estou tão velho

> Quanto o próprio povo judeu. [...]
> Sou cada ancião martirizado aqui,
> Sou cada criança martirizada aqui. [...]
> Não tenho sangue judeu em minhas veias,
> Mas odeio com um ódio inextinguível
> Os antissemitas, assim como um judeu,
> Porque sou um verdadeiro russo!

Esse poema suscitou, nos meios intelectuais e nos meios judaicos, um entusiasmo difícil de descrever. Seu jovem autor, Evguêni Evtuschenko, recebeu umas trinta mil cartas de aprovação e apenas trinta de injúrias. Dimítri Schostakóvitch escolheu *Babii Iar* como tema para o começo de sua *Décima Terceira Sinfonia*. Mas, na imprensa, não faltaram as críticas, em prosa e até em verso: "Que russo és tu, se esqueces o teu próprio povo!"; os censores acusavam Evtuschenko de fomentar os preconceitos nacionalistas e de retornar a uma ideologia burguesa[82]. A querela, em dezembro de 1962, remontou às mais altas instâncias do Partido. Diante de Nikita Khruschev, Evtuschenko recitou seu poema e o comentou nesses termos:

> Nikita Sergueievitch, escolhi especialmente esse poema, com a seguinte ideia: sabemos que ninguém fez mais do que o sr. para liquidar todas as consequências negativas do culto a Stálin, e todos nós lhe somos profundamente gratos por isso. Mas ainda subsiste um problema, que é igualmente uma consequência negativa desses tempos,

82 S.M. Schwarz, op. cit., p. 359-371.

> mas que ainda hoje não foi resolvido. É o problema do antissemitismo.[83]

"Isso não é problema!", replicou Khruschev, pondo fim dessa maneira ao debate. A querela se imbricara curiosamente com aquela que, na época, se desencadeava em tomo da pintura moderna, pela qual o sr. K. não escondia sua aversão. Evtuschenko aproveitara a ocasião para dizer algumas palavras em favor dos pintores abstratos, sem no entanto desposar-lhes a causa como a dos judeus: "Conheço os artistas em questão e posso afirmar que, paralelamente ao aspecto abstrato, eles são atraídos pelo modo de expressão realista. Estou convencido de que as tendências severamente formais de sua obra se abrandarão com o tempo." Invocava também, a propósito, a arte abstrata cubana e "a ajuda que ela deu à revolução cubana". Aqui também o sr. K. cortou, citando um provérbio russo: "Somente o túmulo pode endireitar o corcunda."[84]

Assim é que, durante essa discussão memorável, a questão dos judeus e da arte se transformaram em duas pedras de toque da liberdade de expressão. Na sequência, as formas de expressão literária, notadamente com a questão Siniavski-Daniel e ao fim, no momento da ocupação da Tchecoslováquia, o direito à crítica política, é que se conjugaram, por sua vez, com a causa dos judeus. Neste último caso, alguns

▪▪▪

83 Russian Art & Antisemitism, Yevtushenko vs. Khruschev, *Commentary*, New York, dez. 1963.

84 Ibidem.

manifestantes eram russos, e outros, efetivamente judeus; mas os milicianos encarregados de detê-los os trataram globalmente como *judeus*.

Um traço específico da vida cultural e política da União Soviética é fazer surgirem constantemente imbricações dessa ordem. Assim, no caso da arte: o público russo sempre aguarda a permissão para ver as obras-primas da pintura moderna. Por isso, seus criadores, por intermédio de um porta-voz stalinista, são todos judeus: "Picasso é judeu! Como, vocês não sabiam? Cézanne o era também. E Kandinski. Sem falar de Chagall, é claro. Esse, quando era comissário do povo em Vitebsk, fez tudo para deter a renovação da pintura russa, iniciada no século XIX; estava à testa da grande conspiração!"[85]

Tais sequelas, em 1966, dos delírios de 1948 a 1953 suscitam identificações opostas, que não se limitam naturalmente ao caso dos pintores e os judeus tornam-se – ou, a mais de meio século de distância, voltam a tornar-se – os símbolos vivos das imperfeições da sociedade, ou do regime.

Depois das letras e das artes, depois de Evtuschenko e Schostakóvitch, as ciências. No notável escrito sobre *A Liberdade Intelectual na URSS e a Coexistência*, assinado em 1968 pelo grande físico Andrei Sákharov (mas que parece ser, na realidade, um trabalho coletivo), o problema do antissemitismo burocrático é evocado tanto a propósito dos horrores do passado stalinista, quanto a propósito das injustiças residuais do presente, afirma a princípio Sákharov:

85 Reportagem de Jean Neuvecelle, Moscou 1966, *France-Soir*, 10 ago. 1966.

> Salta aos olhos o caráter desumano do stalinismo, quando se vê como prisioneiros de guerra, depois de sobreviverem às masmorras nazistas, foram jogados em seguida nos campos do NKVD. Será preciso evocar ainda os "decretos" antioperários, a deportação de povos destinados à morte lenta, o tipo de antissemitismo visceral próprio da burocracia stalinista e da polícia secreta (como de Stálin em pessoa), a ucraniofobia particular do "chefe genial", ou as leis draconianas oficialmente destinadas a proteger a propriedade socialista (por exemplo, cinco anos de prisão por ter roubado um ou dois feixes de trigo) e cujo objetivo essencial era, na realidade, atender às necessidades do "mercado de escravos".

Algumas páginas adiante, Sákharov denuncia as sequelas:

> Não é uma vergonha ouvir o presidente da Academia de Ciências pronunciar, na assembleia geral de militantes do partido de Moscou, um discurso ditado visivelmente pelo desejo de intimidar e pelo dogmatismo mais rígido? E não é escandaloso tolerar uma recaída do antissemitismo, no que diz respeito às atribuições de postos, à promoção etc. (Seja dito de passagem, o mal do antissemitismo, desde 1930, não cessou de causar estragos de maneira manifesta ou latente nos mais altos escalões de nossa elite burocrática.) Como não falar de escândalo, mais uma vez, quando os tártaros da Crimeia, povo que viu 46% de seus membros (principalmente crianças e velhos) caírem vítimas da repressão stalinista, ainda aguardam o restabelecimento da plenitude de seus direitos civis? O problema

> das nacionalidades continuará sendo uma causa de agitação e de descontentamento, enquanto todos os desvios com relação aos princípios leninistas não forem reconhecidos e criticados e enquanto medidas decisivas não venham corrigir os erros nesse campo.[86]

Nessa perspectiva geral, o "mal do antissemitismo" perde o viço, contido em si mesmo, ao lado de alguns outros males, mas, graças à sua ligação orgânica com as duas questões capitais da liberdade de expressão e das nacionalidades, adquire um valor de princípio. Imobilismo ou movimento? "Gelo" ou "degelo"? A burocracia estigmatizada por Sákharov não ignora a importância da parada em jogo e é a esta luz, acreditamos nós, que devemos apreciar o lugar reservado pelos meios de expressão do regime à propaganda antissionista. Se o conteúdo dessas campanhas é menos delirante do que entre 1952 e 1953, nem por isso deixaram de adquirir uma nova agudeza específica. Com efeito, no tempo de Stálin, a propaganda soviética descrevia a vida e os costumes de todos os chamados países burgueses sob cores uniformemente infernais. Tal estilo foi abandonado há muito tempo, mesmo no que diz respeito à Alemanha Federal, de modo que o Estado judeu transmudou-se na figura da última encarnação do inferno capitalista. Esse maniqueísmo residual se alimenta, notadamente, da publicação, na imprensa, de cartas enviadas de Israel por ex-cidadãos soviéticos que se compadecem de sua

---

86 Ver A. Sakharov, *La Liberté intellectuelle en URSS et la coexistence*, Paris: Gallimard, 1969, p. 70-71 e 89-90.

nova sina de condenados da terra, de uma terra roubada aos árabes. Sejam essas cartas autênticas ou forjadas, sejam seus autores amadores ou profissionais, elas rivalizam em imaginação para descrever como os espoliadores sionistas exploram, com uma mão, o povo judeu e, com a outra, o povo árabe.

Um outro procedimento consiste em aumentar desmesuradamente a influência dos judeus, agora identificados aos sionistas, nos Estados Unidos, e atribuir-lhes um papel determinante na política estadunidense no Oriente Médio:

> Mostram os fatos que os membros das organizações sionistas controlam 75% das agências de imprensa estadunidenses e mundiais, a metade dos jornais nacionais e das revistas dos Estados Unidos. Figuram nos conselhos administrativos de cerca de 40% das principais firmas e nos de um grande número de bancos, operando tanto nos Estados Unidos quanto no estrangeiro. Tais cifras demonstram claramente que o sionismo controla os instrumentos mais eficazes que se encontram nos negócios públicos e econômicos dos Estados Unidos. [...] Decerto, tudo isso não significa ainda que a política estadunidense esteja sob controle sionista. Continua válido, entretanto, que as organizações sionistas assumem um papel preponderante na formulação da estratégia estadunidense no Oriente Médio, e reforçam o caráter reacionário e antiárabe da política imperialista estadunidense.[87]

87 Emissão radiofônica difundida em árabe, a 24 de dezembro de 1967, pela Rádio Moscou, sob o título: "Por Que os Estados Unidos Apoiam Israel?" Ver*Les Juifs en Europe de l'Est*, n. 24, maio 1968, p. 25-27.

O leitor que – sabe-se lá? – for tentado a dar crédito a essas afirmações e a esses números, pode meditar sobre esta outra amostra da propaganda antissionista, em outubro de 1967:

> Os banqueiros sionistas alemães abriram generosamente seus cofres a Hitler. Não foi por nada que Mendelsohn, um dos pioneiros do sionismo na Alemanha, foi promovido por Hitler à categoria de "ariano de honra". As câmaras de gás de Treblinka foram reconstruídas com o dinheiro dos sionistas "arianos" [...] Os sionistas italianos ajudaram Mussolini a se apossar do poder [...] Agora, mesmo os sionistas mais ortodoxos seriam incapazes de negar que todos os principais crimes contra a humanidade foram perpetrados com a participação dos sionistas.[88]

Cuidado: Sionismo era o título de um livro publicado em Moscou no início de 1969. Mas a *Komsomolskaia Právda* censurava seu autor, Iúri Ivanov, por não ter fornecido detalhes suficientes "sobre a participação do sionismo nas diversões ideológicas contra a URSS e os outros países socialistas"[89]. Sem dúvida, Ivanov não pesquisara o bastante nos velhos arquivos stalinistas...

88 Revista ucraniana *Perets*, out. 1967, citada em *Les Juifs en Europe de l'Est*, n. 24, p. 28.

89 Ver *Le Monde*, 13 fev. 1969: "Depois de haver evocado 'o quadro muito convincente da variante israelense do *apartheid* – uma cruel discriminação racial em relação à população árabe' pintado no livro de Ivanov, a *Komsomolskaia Právda* deplora que este não tenha dado mais detalhes da participação do sionismo nas diversões ideológicas contra a URSS e os outros países socialistas."

A quem é destinada mais especialmente a propaganda antissionista? Aos judeus soviéticos, muitas vezes pró-israelenses convictos? Aos muçulmanos, soviéticos ou estrangeiros? Ou ao conjunto de uma população pacífica e facilmente pró-ocidental, diante da qual se agita dessa maneira o espectro de um novo inimigo misterioso, proteiforme e onipresente, que lembra singularmente o antigo bode expiatório, conhecido ora sob o nome de povo deicida, ora sob o de raça semita? A julgar pelo lugar reservado ao antissionismo pela *Komsomolskaia Právda*, o órgão dos jovens, podemos indagar se não se trata, para as autoridades, de lutar obliquamente dessa maneira contra o crescente domínio que exerce sobre a juventude soviética um certo mito do Ocidente, contra as atrações das modas e das artes estrangeiras, do *american way of life*, ou da informação contraditória e livre.

Chegamos assim ao papel simbólico dos judeus, e talvez também a uma das determinações da política internacional soviética. A propósito, a preciosa testemunha que é Andrei Sákharov, ao falar dos perigos que ameaçam a paz mundial, colocava seu governo no banco dos réus e, sem mastigar as palavras, tornava-o responsável pela atual situação no Oriente Médio. Censurava-lhe, principalmente, o ter encorajado os extremistas dos dois campos e ter comprometido as chances do "necessário reconhecimento diplomático de Israel pelos governos árabes", rompendo ele próprio as relações com o Estado judeu. Ao lê-lo[90], tem-se

90 A propósito do conflito árabe-israelense, escreve Sákharov: "O Oriente Próximo também oferece um exemplo de tragédia. Se, na Ásia do Sudeste, ▸

a impressão de que a burocracia neosstalinista se deixou apanhar em seu próprio jogo, de que seu antissemitismo poderia ditar-lhe algumas decisões, ou mesmo algumas opções, em matéria de política externa.

■ ■ ■

▹os Estados Unidos são responsáveis diretos pela situação atual, no Oriente Próximo, essa responsabilidade cabe diretamente não à América, mas à União Soviética (e à Inglaterra, no que se refere a 1948 e 1956).

"Por um lado, foi encorajada a torto e a direito uma pretensa unidade árabe (causa desprovida do menor aspecto socialista – vide a Jordânia – mas puramente nacionalista e dirigida contra Israel), sob o pretexto de que a luta dos árabes se revestia de um caráter fundamentalmente anti-imperialista. Por outro lado, de maneira totalmente irresponsável, encorajaram-se os extremismos israelenses.

"Para nós, nesse quadro, é impossível analisar os acontecimentos trágicos e contraditórios dos últimos vinte anos, durante os quais árabes e israelenses se entregaram a operações legítimas em relação à história, mas também a empreendimentos repreensíveis, provocados muitas vezes por potências exteriores ao conflito.

"Assim, em 1948, Israel travou uma guerra de defesa. Mas, em 1956, os atos dos israelenses assumiram um aspecto altamente censurável. Por certo, a Guerra preventiva dos Seis Dias, perante a ameaça de se verem exterminados até o último homem pelos exércitos de coalizão árabe, que detinham uma superioridade numérica considerável, não deixava de ter sua justificativa. Mas devemos condenar o destino cruel reservado aos refugiados e aos prisioneiros de guerra, como a vontade de resolver as questões territoriais pela força das armas. Apesar disso, romper as relações com Israel era um erro, que diminuía ainda mais as chances de chegar a um acerto pacífico nessa região e complicava o necessário reconhecimento diplomático de Israel pelos governos árabes.

"A nosso ver, deveriam ocorrer algumas mudanças na conduta dos negócios internacionais, a saber, que todas as reivindicações concretas e de ordem local fossem subordinadas a um desígnio fundamental: lutar ativamente contra um agravamento da tensão internacional, prosseguir e estender a coexistência pacífica ao domínio da cooperação, orientar a política mundial num sentido tal que seus efeitos, tanto a curto como a longo prazo, não acentuem em nada as tensões entre as nações e não criem no campo oposto dificuldades de molde a reforçar a ▸

▹ reação, o militarismo, o nacionalismo, o fascismo e os revanchismos." A. Sakharov, op. cit., p. 48-50.

4

a polêmica árabe

Se existe um campo a se defender, com uma energia se possível maior ainda do que o campo soviético, contra a censura de antissemitismo, é realmente o campo árabe. Tal como em Moscou, proclamava-se no Cairo e em Damasco que os sionistas são racistas, que são por conseguinte os êmulos dos nazistas; e a miséria dos palestinos refugiados que vegetam nos acampamentos incita o mundo a prestar alguma atenção, mesmo que seja apenas sentimental, aos argumentos desse gênero. A tragédia dos refugiados, ligada à outra tragédia que é a negação do direito de Israel à existência, não está em nosso intuito: o único ponto que temos de examinar aqui é a verdadeira natureza do antissionismo árabe.

Procedamos por ordem. Em primeiro lugar, convém fazer justiça a uma tese puramente verbal: já que nós mesmos somos "semitas", dizem muitas vezes os polemistas árabes, não poderíamos ser "antissemitas". À primeira vista, isso pode atingir uma opinião pública sensibilizada pela lembrança dos tempos hitleristas, quando os "semitas" europeus, definidos como tais pelo Terceiro Reich, eram globalmente condenados a morrer. Mas, examinado de perto, um argumento desses equivale a restaurar o mito dos "arianos", inventado com todas as peças pela tradição antissemita. Por ter feito menos estragos que a de "raça ariana", nem por isso a noção de "raça semita" é menos falaciosa. Na realidade, o argumento joga com o fato de que o antissemitismo, historicamente, encontrou seu terreno de eleição no seio da civilização ocidental; mas é justamente por isso que ele corre o risco de contaminar todos aqueles que sofrem a influência dessa civilização. Foi assim que o século XIX viu surgir, sob múltiplas variantes, o fenômeno do judeu antissemita[1]. Nesses últimos tempos, parece que, nos Estados Unidos, são os negros que constituem para o antissemitismo o melhor caldo de cultura; devemos admitir, portanto, que os árabes do Oriente Médio, e somente eles, gozem no caso de uma isenção ou de uma alergia particular? Incomoda-nos um pouco ter de tratar desse primeiro argumento. No entanto, sua tolice nos lembra os perigos de um verbalismo que se afirma em muitas outras ocasiões, quando se empregam termos dotados de forte carga afetiva, como imperialismo, racismo e muitos outros. Voltaremos a esse assunto.

1 A propósito desse fenômeno culturalmente relevante e complexo, ver L. Poliakov, *Histoire de l'antisémitisme*, t. 3 (1700-1850), Calmann-Lévy, 1968. (Trad. bras.: *De Voltaire a Wagner*, São Paulo: Perspectiva, 1986.)

Antes, devemos examinar um segundo argumento, à primeira vista menos vazio, que tem alguma relação com a tradição cultural árabe. O mundo islâmico, dizem-nos os autores árabes, não perseguiu os judeus; foi mais tolerante, mais humano, do que o cristianismo ocidental; foi no Império Otomano que os judeus proscritos encontraram refúgio durante os séculos, e singularmente no tempo da grande expulsão da Espanha.

Isso é do ponto de vista histórico verdadeiro, ao menos em parte: mas então devemos observar melhor qual foi, tradicionalmente, a condição dos judeus e, em geral, dos heterodoxos, nos países islâmicos.

O princípio, que é muito simples, já vem esboçado no *Alcorão*: os "pagãos" devem ser passados pelo fio da espada: mas os "povos do Livro", isto é, os judeus e os cristãos, devem ser poupados: tolerados a título de "protegidos" (*dhimmi*), são obrigados a pagar tributo aos verdadeiros crentes e a testemunhar de diversas maneiras a sua submissão e a sua inferioridade. De modo bem esquemático, o grupo cristãos + judeus, sempre humilhado, ocasionalmente massacrado, conheceu a mesma condição entre os muçulmanos que o grupo judeu entre os cristãos; com a diferença essencial de que, na terra do Islã, os judeus, menos numerosos que os cristãos submetidos, não tiveram o desastroso privilégio de serem os únicos bodes expiatórios... No entanto, no correr dos séculos, acontecia-lhes, tal como no Marrocos do século XII, ou na Pérsia do XVI, serem globalmente massacrados, ou convertidos à força; conheciam sua estrela amarela, sua "rodela", que foi uma invenção muçulmana; para maiores detalhes, remetemos à nossa investigação histórica, *De Maomé aos Marremos*[2]. Nos tempos modernos, enfim, empenhavam os melhores esforços para se colocar sob a proteção dos cônsules ocidentais, tirando proveito do "regime das capitulações", que os subtraía às jurisdições muçulmanas. Diversos fatores tinham uma influência no caso, especialmente, o fator econômico; não poderíamos entrar no mérito de tudo isso; cabe notar que, desde tempos imemoriais, o infamante "iahudi" tinha, em árabe, a mesma tonalidade que os "iutre" ou os "jid" europeus, e não tem qualquer pressa em se esconder por trás de "sionista". Se nos referirmos ao próprio Verbo do Profeta, é pior; depois de haver proclamado a excelência da Revelação de Moisés, Maomé se constitui em seu intérprete e amaldiçoa os judeus, que não o seguiram:

> Se eles me chamam de mentiroso, os apóstolos que vieram antes de mim também foram chamados de mentirosos. [...] Nós os amaldiçoamos, e endurecemos seus corações. Desviaram do seu sentido as palavras de suas Escrituras, e esqueceram uma parte daquilo de que deviam recordar. Não procurem conhecer a sua perfídia, somente alguns poucos são exceção. [Mas] perdoem-nos e poupem-nos. Na verdade, Alá ama aqueles que agem certo. [...] De tal modo Alá se encolerizou contra eles, que continuarão eternamente nos tormentos do Inferno.

2 *Histoire de l'antisémitisme*, t. 2, Calmann-Lévy, 1961. (Trad. bras.: *De Maomé aos Marranos*, São Paulo: Perspectiva, 1985.)

Ao menos na palavra, a tradição cristã se havia com mais deferência. Seria de espantar que, a propósito do cisma judaico-cristão, o *Alcorão* tomasse partido nesses termos: "Os judeus usam de astúcia contra Jesus; mas Deus usou de astúcia contra eles; e Deus é o melhor dos astuciosos. Deus disse: O Jesus! sou Eu que te farei morrer e sou Eu que te elevarei até Mim; e te livrarei dos incréus."[3]

Alguns progressistas árabes do século XX utilizam uma linguagem diferente, na qual propõem receitas para livrar dos judeus o planeta:

> É portanto na escala mundial que se coloca o problema: se os judeus quisessem se incorporar a todas as nações em que vivem, é evidente que os árabes deveriam assimilar uma quota de judeus mais ou menos de acordo com sua população. Se os judeus, ao contrário, continuarem recusando a se integrar, a Palestina não terá outra solução exceto rejeitar esse corpo estranho e agressivo, que não quer obedecer às leis elementares da humanidade.[4]

A "rejeição de um corpo estranho", isso lembra alguma coisa... Uma variante frequente do argumento histórico revela com clareza essa mentalidade arcaizante. Trata-se de demonstrar que os judeus não são essa fênix que são menos do que ninguém, uma raça biologicamente homogênea (como se o totem do "sangue

3 O *Alcorão*, trad. Edouard Monet, Surata 3, 181; 5, 16 e 83; 3, 48.

4 Tahar Benziane, Le Problème palestinien et la question juive, em Le Conflit israélo-arabe, *Les Temps modernes*, número especial 253bis, p. 344.

puro" tivesse podido reforçar a causa sionista![5]). Ao nível do panfleto, isso se enuncia dessa forma: "[Os judeus] viviam em diversos países do mundo. Tinham vivido entre outros povos e não constituíam mais nem um povo, nem, com maior razão, uma raça. Mil mestiçagens humanas os haviam atingido. Havia judeus de todas as raças e todas as cores."[6]

Para uso dos leitores dos *Temps modernes*, mencionam-se os autores:

> Vê-se, portanto, que os trabalhos desses eminentes eruditos[7] não deixam subsistir qualquer dúvida sobre a ilegitimidade e a falta de fundamento da reivindicação da Palestina pelos sionistas. Pode-se até mesmo ir mais longe para provar o absurdo dessa pretensão: a ideia de que "judeu" é descendente de Abraão é um logro. Muitos judeus foram convertidos de outras origens. Houve os judeus negros de Malabar e os falachas da Etiópia. Os atuais dirigentes políticos de Israel, assim como os imigrantes judeus oriundos da Europa Central, da Polônia, da Rússia, e também dos Estados Unidos, descendem, em sua maioria, de russos caucasianos, que os judeus bizantinos converteram ao judaísmo no século XVIII. A Palestina pode estar associada àqueles que professam hoje a religião judaica, mas se trata de uma ligação unicamente espiritual, e não física.

---

5 Será preciso especificar que a tese sionista jamais apelou para o absurdo argumento do "sangue puro" e do "laço carnal"?

6 Panfleto "Qual É o Problema Palestiniano", distribuído no Quartier Latin, no começo de 1969.

7 Os teólogos protestantes A. Guillaume, W. Stinespring, O. Sellers, J. Sherman, e o rabino antissionista Elmer Berger.

Nessa perspectiva, proposta por Sami Hadawi, diretor do Instituto dos Estudos Palestinos de Beirute, a ligação árabe com a terra da Palestina é implicitamente valorizada por um enraizamento carnal, por meio de uma linhagem de ancestrais que se presumem racialmente homogêneos[8]. Sob uma forma ou outra, o argumento é frequente: nós mesmos o ouvimos no curso de debates contraditórios entre estudantes, sem que eles percebessem que é apenas a versão árabe do "mito do solo e do sangue".

Não há por que se enganar: a discriminação e as perseguições que os judeus dos países árabes sofrem, sobretudo a partir de 1948, estão enraizadas numa tradição antijudaica secular, cujo racismo informe se revela no momento mesmo em que procura negar-se. De resto, se setecentos mil palestinos árabes (expulsos pelos israelenses, dizem uns; usados pela propaganda da Liga Árabe, dizem outros) fugiram, há vinte anos, de seu país, acredita-se seriamente que teria ocorrido o êxodo no sentido inverso de seiscentos mil judeus orientais, se tivessem podido continuar a viver em paz em suas antigas terras? Assim, portanto, a tradicional hierarquização entre muçulmanos dominadores e "infiéis" subjugados contribui com alguma coisa, e sem dúvida

8 Ver *Les Temps modernes*, número especial "Le Conflit israélo-arabe", p. 97s. Falando do proselitismo dos "judeus bizantinos", o sr. Hadawi pensa, sem dúvida, na conversão para o judaísmo do povo cazar, no século VIII; deve tratar-se, portanto, de um erro de impressão. Não impede que qualificar os cazares de "russos caucasianos" seja uma fantasia histórica da qual não teríamos dificuldade em encontrar muitos outros exemplos, notadamente nesse número especial dos *Temps modernes*.

com muita coisa, para a implacável hostilidade árabe contra o Estado judeu (teria acontecido o mesmo, sem dúvida, se os coptas do Egito tivessem desejado constituir um Estado cristão; há também o caso dos curdos do Iraque...) – Esses sentimentos, que, depois que os judeus orientais não mais se encontram sob a tutela árabe, se transformaram em ressentimentos, os quais são expressos em nossos dias por meio de uma terminologia nova, de origem ocidental, e em especial marxista, afirma o grande orientalista Georges Vajda:

> Nenhum poder muçulmano, por mais "liberal" que queira ser, poderia afastar-se da linha de comportamento seguida no passado e mantida de fato no presente, autorizando a seus judeus algo diferente do estatuto de "proteção" de sempre, maquiado, pouco ou muito, com uma fraseologia ocidental, mal-assumida e de maneira nenhuma integrada.[9]

Esse sábio tem o hábito de pesar as palavras; lembremos também que o Islã é a religião constitucionalmente oficial dos países do Oriente Médio.

E portanto ao restabelecimento do estatuto dos *dhimmi*, mesmo que sob o nome de "dessionização", que se opõem os israelenses, bem como seus partidários, judeus ou não judeus, ao longo do mundo. Por isso, são qualificados de imperialistas. Vejamos de mais perto o que significa isso, no caso dos judeus.

9 *Nouveaux Cahiers*, Paris, 1968, n. 13-14.

A noção de imperialismo historicamente implica a ideia de uma aspiração à hegemonia universal, à qual não faltaram os pretendentes, desde o Império Romano, do qual o Sacro Império Germânico se constitui o sucessor, até os planetários impérios modernos. Tais desígnios também foram imputados aos judeus, desde que o mundo cristão e o mundo muçulmano fundamentaram nos livros sagrados suas respectivas religiões; por conseguinte, as interpretações que os rabinos davam desses livros só podiam parecer mentirosas e suspeitas. Instaurou-se a tradição antissemita: especialmente no Ocidente cristão, a partir das Cruzadas é que fervilharam as lendas que atribuíam aos judeus complôs maléficos, no intuito de dominar o universo; a última versão, no começo do século XX, chamava-se os *Protocolos dos Sábios de Sião*, de sinistra memória[10]. Os judeus polemizavam e protestavam contra a falsificação; segundo Hitler, os desmentidos eram a melhor prova[11] da realidade de um complô ao qual somente o genocídio poderia pôr um fim definitivo. Entre 1920 e 1960, traduções dos *Protocolos dos Sábios de Sião* foram muitas vezes publicadas no Cairo, em Damasco, em Bagdá e, pelo menos uma vez, durante uma entrevista concedida ao

---

10 Ver Norman Cohn, *Histoire d'un mythe, la "Conspiration" juive et les Protocoles des Sages de Sion*, Paris, 1967.

11 "Os *Protocolos dos Sábios de Sião*, que os judeus renegam oficialmente com tanta violência, mostraram de maneira incomparável como toda a existência desse povo repousa sobre uma permanente mentira. 'São falsos', repete gemendo a *Gazeta de Frankfurt*, e procura persuadir disso todo o universo; é essa a melhor prova de que são autênticos. Expõem claramente e com conhecimento de causa o que muitos judeus podem executar inconscientemente." (*Mein Kampf*, trad., Paris, 1937, p. 307).

jornal indiano *Blitz*, o próprio presidente Nasser garantiu a sua autenticidade. Deixaram de ser antissemitas, depois de publicados em árabe?

É verdade que, nos últimos tempos, a propaganda árabe se refere cada vez menos aos *Protocolos dos Sábios de Sião*, dando mostra, ao nosso ver, de um certo progresso. Mas, embora pareça ter deixado de descrever o sionismo como um perigo que ameaça todos os homens da terra, não cessa de atribuir-lhe uma espécie de imperialismo regional. Refere-se especialmente à promessa feita pelo Eterno a Abraão, o antepassado mítico dos "semitas": "À tua posteridade darei esta terra, do Rio do Egito até o Grande Rio, o rio Eufrates" (*Gên.* 15, 18). Para os árabes, esse versículo exprime a plenitude da política israelense; as ambições sionistas não podem desejar menos do que isso, e a frase "do Nilo ao Eufrates" é muitas vezes colocada na boca de Theodor Herzl, de Weizmann ou de Ben-Gurion, ou, melhor ainda, é citada sem referência ou nome de autor. Assim, em fevereiro de 1969, diz Nasser:

> A nação árabe inteira precisa saber que a causa palestina não diz respeito unicamente ao povo palestino. Com efeito, o inimigo sionista tenta realizar seus objetivos expansionistas do Nilo ao Eufrates. Assim, a participação dos outros povos árabes na luta que contrapõe o nacionalismo árabe ao sionismo fascista não decorre unicamente de uma atitude sentimental com relação ao povo palestino, mas do princípio de legítima defesa.[12]

12 Cito *Le Figaro*, 3 fev. 1969.

A demonstração, que é circular, não é menos perfeita que aquela da qual se servia Hitler; desmentidos e protestos apenas se perdem no vazio; impotente, a razão bate em retirada diante desse adágio nazista: "Para ser acreditada, a mentira deve ser tão grande quanto possível." De resto, aquela mentira, assim como outrora os *Protocolos dos Sábios de Sião*, invoca às vezes outras falsidades: tal como o "Plano Secreto do Estado-Maior Israelense", revelado em 1957 pelo jornal indiano *Blitz* (sempre ele!), retomado em 1958 por uma brochura soviética, levado em seguida ao conhecimento dos meios diplomáticos de Moscou pela revista *Internatsionalnaia Jizn* (*A Vida Internacional*). Não faltavam os detalhes: o "plano secreto" considerava a criação de vários Estados Novos, alauíta, copta, druso e maronita, e avaliava em vinte milhões de dólares os rendimentos que Israel ia tirar do canal de Suez[13]. O plano Morgenthau não chegava tão longe.

Como fornecer a prova negativa, como demonstrar que nenhum israelense são de espírito jamais alimentou tais planos, e que mesmo o "Israel integral", a que aspira uma minoria, respeita os limites do antigo mandato britânico sobre a Palestina? O drama é que os árabes se apegaram a suas visões aterradoras e que as crenças desse tipo caminham junto com a obsessão a qual consiste em perceber judeus em toda a parte. Uma brochura egípcia avaliava em 25 milhões o número de judeus nos Estados Unidos e fornecia dados estatísticos sobre suas profissões, isto é, sobre seu domínio:

13 Ver S.M. Schwarz, op. cit., p. 388-389.

"advogados estadunidenses: 70%; médicos: 69%; comerciantes: 77%; industriais: 49%; camponeses: 2%; fazendeiros: 1%"[14]. Com o risco de arrombar uma porta aberta, especifiquemos que, segundo esse escrito, um judeu não poderia ser diferente de um sionista, pois essa é a sua natureza: "Os judeus, seja os que preservaram sua religião, seja os que adotaram outras religiões, são conhecidos nos Estados Unidos pelo nome coletivo de sionistas. Esta denominação abrange estadunidenses não judeus que manifestam simpatia pela causa de Israel." Não se percebe por que seria diferente nos outros países; assim, portanto, aos sionistas Roger Stéphane e Maxime Rodinson, sionistas porque nasceram numa cama e não em outra, devemos acrescentar a legião francesa dos "ensionizados".

Essa brochura foi publicada no Cairo em 1957; observemos que, na época, o ex-nazista Johannes von Leers dirigia nesse país a propaganda antissionista. Não sabemos qual foi a sua divulgação, mas sabemos que suas revelações estatísticas foram propagadas, dez anos mais tarde, pela *Komsomolskaia Právda*, de 4 de outubro de 1967, que goza de excelente difusão entre a juventude soviética. Essas porcentagens ameaçadoras eram acompanhadas de um comentário, afirmava o jornal: "A humanidade descobriu o sionismo sob seu verdadeiro aspecto pela primeira vez em meados do século XX." A humanidade foi portanto esclarecida, se bem compreendemos, no tempo do processo Slansky e

■■■

14 Saleh Dasuki, Amerika Muntasmara Siyonia (A América, Colônia Sionista); ver a revista *Os Judeus na Europa Oriental*, n. 24 maio 1968.

da questão dos envenenadores de batas brancas, graças à vigilância da polícia soviética. Por conseguinte, o jornal enfatizava a dimensão mundial do imperialismo sionista: "O fervor dos agressores israelenses é apoiado por um império invisível, mas enorme e poderoso, de financeiros e industriais, um império que não é encontrado em nenhum mapa da terra, mas que existe e atua em toda a parte do campo capitalista."

Desde a Guerra dos Seis Dias, este tema do "império invisível" aparece nos locais mais imprevisíveis, assim como nas colunas de *Le Monde*, onde uma "opinião livre" do sr. de Saint-Robert qualificava o Estado de Israel de "metrópole de um império inapreensível e onipotente que usa do Testamento para fins nada menos que religiosos"[15]. A propósito, este autor falava também, o que não se poderia fazer na URSS, do "horrível segredo de um destino histórico, que, mais uma vez, se voltava contra si mesmo", e também das "coragens por demais exaltadas que mergulham na paranoia natural a todos os imperialismos".

Dessa forma e diante de nossos olhos, é urdida uma internacional antissionista. Deixamos ao leitor o cuidado de determinar em que ela difere da internacional antissemita de antigamente. Como fio condutor, poderia talvez adotar as inúmeras caricaturas que representam os sionistas numa infinidade de posturas desagradáveis, com seus narizes recurvos, seus dedos pontudos, em toda a sua feiura semítica, enfrentando muitas vezes ingênuos e musculosos antissionistas que

15 *Le Monde*, 7 fev. 1969.

estrangulam ou lançam ao mar esses dejetos humanos. Mas essa imagética neoariana, que floresce no Oriente Médio, e que encontramos, um pouco matizada, nos jornais ou nas brochuras publicadas nos países socialistas, ainda não se expandiu, ao que saibamos, no mundo ocidental.

5

o debate na frança depois de 1967

Aos judeus franceses que tomaram a defesa de Israel, seus censores de esquerda reprovam o fato de terem aliados muito estranhos, tais como Xavier Vallat, ou os resquícios da OAS. Contudo, essas mesmas críticas ainda estão muito mal-ajambradas. Em 1968, a aliança antissionista agrupava, na França, o poder, o Partido Comunista, um vasto setor de esquerda, especialmente as minorias atuantes da universidade, e os últimos nostálgicos da raça branca e ariana. Sem nos determos nos entusiastas de uma nova "solução final" (que, desta vez, englobaria o Oriente Médio), passemos em revista as grandes famílias antissionistas do país.

O caso do Partido Comunista não é muito complexo. O essencial parece ser o alinhamento com as posições de Moscou e os miasmas não dissipados do processo Slansky. Um outro processo, no começo de 1969, oferece uma ilustração.

No final de janeiro, depois de um processo a portas fechadas, o governo do Iraque enforcava por espionagem quinze súditos iraquianos, dos quais nove judeus (cerca de 1% da população masculina judaica do Iraque). Tal como dissemos, esses amálgamas remontam aos tempos medievais. De resto, fora pregada a inscrição *iahudi* a cada cadáver judeu, sem que se lhe tenha acrescentado "traidor", e a multidão de Bagdá foi convidada a festejar em torno dos cadafalsos, como no tempo dos califas. Acrescentemos que, nessa ocasião, a organização El Fatah mostrou sua cor ao felicitar o governo iraquiano.

A opinião pública francesa estigmatizou quase unanimemente a farsa macabra. Mas *L'Humanité* via as coisas de outra forma. Sob o título: "Enforcados Quinze Iraquianos Membros de uma Rede Israelense", afirmava: "As notícias vindas de Bagdá, embora sublinhem a amplitude das manifestações populares, indicam que estas não revestem um caráter racista, mas exigem 'a morte de todos os colaboradores e traidores'." E acrescentava: "Compreendemos também a raiva e a humilhação dos árabes depois de uma guerra desencadeada por Tel Aviv."[1]

Não denunciar o antissemitismo sob sua forma desarticulada e elementar, e justamente porque é desarticulada e elementar, não é dar atenção a todos os antissemitas da terra?

■■■

1 *L'Humanité*, 28 e 30 jan. 1969.

Às vezes, alguns dirigentes do PC vão mais longe. A descrição, por Benoît Frachon, da parada israelense da vitória, em junho de 1967, era um texto antológico ao qual não faltavam Satã, nem o Bezerro de Ouro, nem as maquinações diabólicas de uma tribo cosmopolita de banqueiros. Essa codificação era exatamente a do stalinismo, pois não fora pronunciada a palavra "judeu"[2].

Existem, outras codificações, mais antigas, de tal forma cobertas pela pátina do tempo que se tornaram imperceptíveis. Elas são inerentes à nossa cultura, pois, em todas as línguas, certos termos bíblicos como "fariseu", "judas", "sabá" ou "cabala", sem esquecer "judeu", possuem um sentido derivado e pejorativo que, evidentemente, não tinham em sua língua primeira. Ocorre o mesmo com certos adágios e preceitos. A "lei de talião", citada tão complacentemente pelos novos locutores da ORTF a propósito das represálias israelenses, assume no Novo Testamento um relevo cruel que não tinha no Velho, evoca em francês associações desconhecidas em hebraico. Será que está tão longe do *olho por olho*, *dente por dente*, à maneira da *libra de carne*?

2 Exclamava Benoît Frachon: "A presença de algumas personalidades da alta finança conferia [à cerimônia] um sentido diferente do fervor religioso que pensavam encontrar os verdadeiros crentes que participavam dela. O espetáculo dava a pensar que, tal como no *Fausto*, era Satã quem dirigia o baile. Não faltava nem mesmo o bezerro de ouro, sempre de pé, que, como na ópera de Gounod, contemplava a seus pés, no sangue e na lama, os resultados de suas maquinações diabólicas. Com efeito, as informações indicavam que haviam assistido a essas saturnais dois representantes de uma tribo cosmopolita de banqueiros bem conhecidos em todos os países do mundo: Alain e Edmond de Rothschild. A seus pés, mortos ainda sangrando." Ainda se referia, nesse discurso *à la* Drumont, a "desencadeamento de torpezas onde se manifestam instintos de primatas" etc. *L'Humanité*, 17 jun. 1967.

Ao praticar o preconceito oficial, a ORTF não pode deixar de jogar com essas nuanças, mesmo que seja inconscientemente. E difícil julgar até que ponto correm o risco de reanimar antigas paixões. Mas os profissionais franceses do antissemitismo, que, a crermos num despacho da AFP, propuseram em fevereiro de 1969 a formação de uma "frente antissionista unida", com o intuito de "lutar contra o pansionismo internacional"[3], acreditavam, sem dúvida, conhecer seu negócio.

Por sua vez, o general de Gaulle forja sua própria terminologia. Para justificar sua nova política no Oriente Médio, falou de um "povo de elite, seguro de si mesmo e dominador". Mais que os epítetos, era o sujeito da frase-armadilha que ofendia os judeus, assim implicitamente postos de parte do povo francês (a menos que militassem por essa política gaullista: que maneira de dizer: "A França sou eu!"). Os protestos se multiplicaram; alguns procediam de gaullistas incondicionais. Antigos oficiais devolveram suas medalhas. Em troca, houve, parece, uma fórmula mais banal, "os judeus não são franceses como os outros", e o tempo que Raymond Aron chamou o tempo da suspeita. Depois do Estado francês de 1940-1944, a V República de 1967-1968 parecia recolocar em discussão a assimilação: a dialética sionista assinalava um ponto.

O general de Gaulle é antissemita? Creio que não, mas a psicologia individual pouco importa aqui. No

3 Informação da AFP, fevereiro de 1969. Cabe notar que essa informação foi desmentida por alguns dos organizadores citados nominalmente, tais como Coston e Sidos.

que se refere à política, reportar-nos-emos à coleção de *La Nation*, ou o tal comunicado de governo que, de certa maneira, dividia a França em duas zonas de influência, a francesa e a sionista.

Depois de Auschwitz, a paixão francesa pela justiça levou o país ao auge de uma luta em prol da reabilitação dos judeus, na qual tomaram parte, de seus prêmios Nobel a seus cardeais, quase todos aqueles que aí tinham um nome; mas eis que Charles de Gaulle, após haver designado, em junho de 1967, o Estado judeu como o Estado agressor, infligia-lhe uma leve punição, por ocasião do embargo de janeiro de 1969. (Antigamente, os príncipes não agiam dessa maneira com os usurários judeus?) Como se não bastasse, outras paixões se misturaram a isso: alguns franceses repatriados da Argélia conseguiam sua revanche sobre os árabes, ou mesmo sobre de Gaulle, mediante pessoas interpostas e uma esquerda, que defendera outrora a libertação argelina e desposava agora a causa de outro povo árabe, ou se dividia contra si mesma.

De fato, principalmente entre os homens de esquerda é que a confusão só era igualada pela violência dos sentimentos expressos. A hora dos conflitos de consciência e das reviravoltas era também a da coragem verdadeira ou falsa. A de André Philip, que denunciava a hegemonia judaica sobre o rádio e a imprensa em termos que os partidários da "França integral" não teriam sem dúvida desaprovado. A de Maxime Rodinson, que concordava em que os árabes "somente podiam sonhar em destruir" o Estado de Israel. A de Jean-Paul Sartre, que não podia esquecer que os israelenses eram judeus e que, talvez em sinal de estima, acreditava poder "exigir mais de Israel do que dos outros". A de François Mauriac, que citava um confrade gaullista: "Tal é o risco hoje de passar por antissemita, segundo esse amigo, que as verdades mais evidentes devem ser caladas." Mas havia igualmente um campo difícil de classificar, que se estendia de Eugène lonesco, que se declarava em favor dos judeus, "sem os quais o mundo seria duro e triste", até o *Canard enchainé*, ao pedir a Israel que se oferecesse como mediador no conflito russo-chinês; o não conformismo parecia voar em auxílio do campo sionista[4].

As colunas do *Le Monde* transformavam-se no local de encontro das "opiniões livres", comunicados e cartas das mais contraditórias. Aí universitários judeus, já no verão de 1967, declaravam guerra ao sionismo dos Rothschild; pastores protestantes, no dia seguinte ao raide sobre Beirute, polemizavam com outros pastores, a propósito do canto vingador de Lamec; e se a Igreja da França, prudente, abstinha-se de criticar o sionismo incondicional do rabinato francês, leigos como Pierre Vidal-Naquet, ou Olivier Pozzo di Borgo, o faziam em nome do humanismo ou em nome do patriotismo. Todavia, os sentimentos e as opiniões evoluíam de acordo com os acontecimentos, alguns não udeus pareciam censurar Israel por ter temido por si mesmo sem razão em maio de 1967 e israelenses ironizavam sobre

4 A. Philip em *Reforme*, 1967; M. Rodinson em *Monde diplomatique*, 1967; J. -P. Sartre, em *Les Temps modernes*, 1967, e *Le Fait public*, fev. 1969; A. Mauriac em *Le Figaro littéraire*, fev. 1969; E. Ionesco, em *Journal en miettes*, 2, 1968; *Le Conard enchainé*, 19 mar. 1969.

suas condolências antecipadas. Como observou Raymond Aron, ninguém se resignava ao papel de puro espectador, todos pareciam obedecer a seus demônios[5]. Com apenas vinte anos de idade, o Estado judeu parecia desafiar a razão, tal como o povo judeu o vinha fazendo há mais de dois mil anos. Cristãos compartilhavam dos entusiasmos sionistas; ateus queriam mal aos judeus por terem tomado partido a favor desse Estado insensato.

Teríamos, portanto, muita dificuldade em fazer o repertório de todas as posições e todos os temas que se enfrentavam no curso dessa mistura de ideias. Um único ponto era unânime junto à opinião pública francesa: devia-se fazer justiça aos palestinos. Mas qual justiça? A respeito de Israel, os sufrágios eram menos unânimes; no entanto, a grande maioria considerava que este Estado devia subsistir. Mas que Estado? Levantava-se dessa forma uma terceira questão, a que se encontrava no âmago das polêmicas: poderiam os judeus franceses se prevalecer de "laços especiais" com o Estado judeu? Esses laços, os rabinos os justificavam em nome de uma religião que seus denegridores clamavam à porfia que era teocrática, obscurantista e racista. Dessa forma, o judaísmo estava sob acusação, ao mesmo tempo que o Estado judeu. Esse ataque se realizava em duas grandes frentes: à censura comunista de *imperialismo israelense* se contrapunha a censura gaullista de *dupla pertença* dos judeus. Enfim, a cidade de Jerusalém tornava-se um pomo

5 Ver R. Aron, *De Gaulle, Israel et les Juifs*, Paris: Plon, 1968.

de discórdia derradeiro e místico, opondo, a propósito dos Lugares Santos, a Sinagoga à Igreja, ou, como se dizia antigamente, Israel segundo a carne a Israel segundo o espírito.

Assim, examinadas mais de perto, estas disputas em torno de um Estado novo, que, à primeira vista, pareciam tão novas, não passavam de prolongamento das disputas antiquíssimas e totalmente estranhas. Não se originara a Igreja dos primeiros tempos da aposta de uma seita judaica num Deus antissionista? A Igreja triunfante se apegou a isso, a dispersão do povo "deicida" era um castigo divino; as apostas contrárias somente se tornaram possíveis com o advento do livre pensamento na Europa. Assim, Spinoza, que era hostil às superstições dos judeus, não deixava de pensar que, fortalecendo seus corações, eles poderiam reconstituir seu Estado[6]. A juntemos também ao dossiê estas linhas que o ilustre Voltaire dirigia ao obscuro Isaac Pinto:

---

6 Ver o *Tratado Teológico-Político*, capítulo 3, *in fine*: "Que o ódio das nações seja muito próprio para assegurar a conservação dos judeus, foi aliás o que mostrou a experiência. Quando um rei de Espanha obrigou os judeus a abraçar a religião do Estado ou a se exilarem, grande número deles se tornaram católicos romanos e, participando desde então de todos os privilégios dos espanhóis de raça julgados dignos das mesmas honrarias, se fundiram tão bem com os espanhóis, que, pouco tempo depois, nada deles subsistia, nem mesmo a lembrança. Aconteceu de modo diferente com aqueles que o rei de Portugal obrigou a se converter; excluídos de todos os cargos honoríficos, continuaram a viver separados.

Atribuo também um tal valor nesse aspecto ao sinal da circuncisão, que por si só o julgo capaz de garantir a esta nação judaica uma existência eterna; se os princípios de sua religião não amolecessem seus corações, eu acreditaria sem reserva, conhecendo a mutabilidade das coisas humanas, que, na menor oportunidade, os judeus restabeleceriam seu império e que Deus os elegeria de novo." Ver Spinoza, *Obra Completa III: Tratado Teológico-Político*, São Paulo: Perspectiva, 2014, p. 105-106.

> Estive errado em atribuir a toda uma nação os vícios de diversos particulares. Dir-vos-ei com a mesma franqueza que muitas pessoas não podem suportar nem vossas leis, nem vossos livros, nem vossas superstições. Dizem que vossa nação em todos os tempos fez muito mal a si mesma, e o fez ao gênero humano. Se sois filósofo, como pareceis sê-lo, pensareis como eles, mas não o direis.
>
> Voltaire, cristão.[7]

Filósofo em face dos cristãos, cristão em face dos judeus, Voltaire dizia dos últimos que eram "o povo mais abominável da terra" e também, invertendo a fórmula de Montesquieu: "Uma mãe que engendrou duas filhas que a cobriram de mil chagas", que eram "nossos senhores e nossos inimigos, em quem acreditamos e a quem detestamos". Mas ele pedia que não os queimássemos, na esperança talvez de convertê-los à verdadeira filosofia. Em compensação, Jean-Jacques Rousseau lhes desejava "um Estado livre, escolas, universidades onde possam falar e discutir sem risco; só então poderemos saber o que têm para nos dizer", e "o nobre projeto de reerguer seu povo, de convertê-lo novamente num povo livre" ele atribuía a nada menos que Jesus[8]. Com esse sionismo *avant la lettre* contrastavam as imprecações do barão d'Holbach:

> Ousa afinal, ó Europa, sacudir o jugo insuportável dos preconceitos que te afligem! Deixa aos hebreus estúpidos, aos frenéticos imbecis, aos asiáticos covardes e

7 Ver *Histoire de l'antisémitisme*, t. 3, p. 108. (Trad. bras.: *De Voltaire a Wagner.*)

8 Ibidem, p. 120 e p. 124.

> degradados, essas superstições [...] Fecha os olhos para sempre a essas velhas quimeras que, há tantos séculos, serviram apenas para atrasar o progresso rumo à ciência verdadeira e para te afastar do caminho da felicidade![9]

Assim eram julgados os judeus na Europa, em função das filosofias, numa época em que eles ainda apodreciam em seus guetos. Os grandes metafísicos alemães empregavam imagens muito fortes e Fichte se tornava sionista não por amor mas por ódio a Israel[10]. Os socialistas franceses se tornavam de boa vontade sionistas, cada um à sua maneira: Fourier queria restaurar o trono de Davi à custa do dinheiro dos Rothschild; Proudhon via somente uma alternativa: "Devemos devolver essa raça à Ásia, ou exterminá-la."[11] O jovem Marx, que não estava interessado em Sion, tomava como alvo, em *A Questão Judaica*, em nome da ciência verdadeira, menos o judaísmo burguês do que a burguesia judaizada[12]. Povo testemunha das verdades religiosas, ou testemunha de seus erros, os judeus usurários, ou profetas, ou vítimas de suas superstições, receberam, desde o século das Luzes, sinais de valores

9 Ibidem, p. 140.

10 Ibidem, p. 198 ("para nos proteger contra eles, eu vejo um único meio: conquistar para eles sua terra prometida e expedi-los a todos para lá").

11 Ibidem, p. 383 e p. 388.

12 Ibidem, p. 433-440 ("O judeu se emancipou à maneira judaica, não só tornando-se senhor do mercado financeiro, mas porque, graças a ele e por meio dele, o dinheiro transformou-se numa potência mundial e o espírito prático judeu, no espírito prático dos povos cristãos. Os judeus se emanciparam na mesma medida em que os cristãos de tornaram judeus. [...] O dinheiro é o deus ciumento de Israel..." etc.).

diversos e contraditórios, aos quais não se aplicavam mais a linguagem cristalizada da Igreja, e que não cessam desde então de suscitar neologismos em -ismo e em -ão. Antissemitismo? Sionismo? Antirracismo? De qualquer modo, uma tradição.

Muito mais velha é a do preço atribuído a uma conversão, que o século das Luzes rebatizou de assimilação, e que quase todos os antissionistas chamam de seus votos. Um terceiro termo a meditar é bastante recente: dessionização.

De novo, por todos os lados, clama-se que não se deseja a morte dos pecadores: deseja-se apenas curá-los de suas superstições. Mas desta vez é para um Estado que vão os conselhos, os sermões e as condenações, carregados das mesmas velhas paixões, e invocando, sob o signo do socialismo e do antirracismo, as mesmas razões excelentes e filosóficas. Ora, um Estado, mesmo que seja povoado de judeus, somente poderia ser um Estado soberano como os outros, isto é, regido por suas próprias leis, mesmo que remontem a Moisés e aos profetas, mesmo que o Oriente e o Ocidente, quer ainda acreditem nelas quer não, detestem essa legislação, que inspirou suas próprias leis e tradições.

Um Estado soberano como os outros e, mais obrigatoriamente, creio, por causa dessa relação paradoxal, pois foi sobretudo desse modo que o nome judeu se gravou na memória dos homens, reprovado pelos Evangelhos, amaldiçoado por Maomé, aviltado pela maioria das filosofias e lançado como pasto a todos os povos do mundo, nu com Hitler ou mascarado com Stálin. Visto que, tal como é, um Estado judeu permite exorcizar, nas profundezas das almas, os velhos espectros do "povo monstruoso sem fogo nem lugar", do judeu errante, da judiaria apátrida. Não é quando esse Estado for destruído ou "desjudaizado" que os teólogos não mais se interrogarão sobre as vicissitudes do judaísmo, ou que, nos países socialistas, se deixará de acusar o cosmopolitismo. Ou que, nos países do Oriente Médio, os judeus serão vistos com outros olhos. Observamos que não era preciso ir muito longe: nos argumentos antissionistas dos árabes, uma arcaica mentalidade racista. As palavras aqui não mudam nada, nem os programas políticos que exigem a "destruição das estruturas" do Estado de Israel, em proveito de uma Palestina dessionizada – que só poderia ser alcorânica e árabe, como continuou sendo o Egito de Nasser e como se tornou a Argélia de Bumedienne.

Na Europa e, em especial, na França, uma juventude também embriagada de palavras, que sonha com destruir todas as estruturas existentes, se deixa facilmente seduzir por esses programas. A isso se mistura a ignorância (tais militantes antissionistas acreditam que "sionismo" é um diminutivo ou derivado de "expansionismo"). Os estudantes que, durante o inverno de 1969, escarneciam da "sionista" Anne Frank, são talvez os mesmos que, na primavera de 1968, proclamavam: "Somos todos judeus alemães." O futuro mostrará se aquele antissionismo irá desembocar em formas revolucionárias de um antissemitismo o qual, desde que Bebel, o amigo de Friedrich Engels, o qualificou de *socialismo dos imbecis*, se cobriu muitas vezes da palavra mágica "Revolução".

6

o caso polonês

Os judeus, cujo espírito crítico é proverbial, militaram muito em prol da liberdade de opinião. Tradição ou instinto de sobrevivência? Os riscos que correm na ausência desta liberdade foram evidenciados de novo pela caça aos sionistas que ocorre, atualmente, na Polônia. Por consequência, nesse país os judeus estão sendo condenados ao sionismo perpétuo, simplesmente em virtude de suas origens.

Não lhes é possível produzir a prova do contrário: na prática, como se distanciar de uma opinião recusada por todos e da qual, por isso mesmo, todos são suspeitos? É o velho problema das crenças proibidas, para o qual os regimes monolíticos sempre encontraram a mesma solução. A própria Inquisição medieval fabricava suas bruxas. Os "cristãos-novos" espanhóis conheceram, por causa de seus antepassados, o mesmo tormento, durante os séculos que se seguiram à expulsão dos judeus em 1492[1].

Em nossos dias, as coisas caminham mais depressa. A Polônia, principal centro do judaísmo europeu, tornou-se a última etapa de seu calvário nos tempos de Hitler. Em 1945, seus três milhões de judeus não eram mais do que algumas dezenas de milhares. Isso era suficiente para popularizar seu nome nesse país? A velha tradição antijudaica da Polônia católica veio acrescentar-se, nos anos 1940, a propaganda antissemita hitlerista e, nos anos 1950, a propaganda antissionista stalinista, o que é muito para um país martirizado e dilacerado. Além disso, no próprio centro do genocídio, os administradores stalinistas estavam muito bem situados para aproximar até confundi-los vítimas e carrascos, todos com a etiqueta de sionistas para as necessidades da causa.

A acusação foi feita primeiramente contra os dirigentes das antigas comunidades judaicas, ou "conselhos judaicos", que, sob o tacão, serviram de órgãos de execução para os ss. Eram, portanto, culpados de conluio ideológico: essa censura era facilmente estendida aos judeus estadunidenses que, graças a e mediante seu sionismo, haviam atrasado a abertura da segunda frente na Europa. Assim é que, pouco a pouco, com a ajuda do imortal Morgenthau, Adenauer, o sucessor de Hitler a serviço do imperialismo americano, tornava-se a alma danada do sionista Ben-Gurion, e que a denúncia do "eixo Tel Aviv-Bonn" convertia-se na

1 Ver *De Maomé aos Marranos*.

partitura por excelência polonesa da orquestra antissionista internacional[2].

Na época em que se fazia essa distribuição, as lutas no seio do PC polonês prosseguiam especialmente entre os ex-resistentes do interior e os militantes que, em 1945, vieram transmitir as ordens de Stálin, entre os quais se

2 "Durante a Segunda Guerra Mundial, quando Hitler prosseguia com o extermínio em massa da população dos países ocupados, os sionistas e o grupo religioso Agudá incitavam a população judaica a adotar, frente ao ocupante, uma atitude de passividade e de submissão, o que, nas condições do gueto, correspondia à política dos reacionários poloneses, cujo objetivo era abater a luta de libertação das massas populares na Polônia. Devemos igualmente sublinhar aqui o papel infame desses militantes sionistas que aderiram aos Judenrat [conselhos judaicos]. Foi com a ajuda dos Judenrat que os hitleristas conduziram sua política de extermínio dos judeus. Os membros dos Judenrat eram na maioria elementos sionistas. [...] Adequando-se à política do Departamento de Estado, as organizações sionistas do Estados Unidos escondiam da opinião pública a verdade sobre os assassinatos em massa cometidos pelos hitleristas. As organizações sionistas e o Congresso Judaico Americano submetido à sua influência eram hostis a toda ação de massa contra os assassinatos hitleristas. Essa oposição dos sionistas lhes era ditada pela política dos círculos imperialistas americanos, para quem era importante paralisar todos os movimentos de massa a fim de obedecer à política que visava retardar a abertura da segunda frente na Europa. [...] Durante sua estada em Israel, Morgenthau declarou sem subterfúgios que esse Estado devia ser um muro de defesa contra o 'comunismo' no Oriente Próximo. [...] De acordo com a política colonial dos imperialistas americanos, política que procura manter as discórdias e atiçar os ódios entre as nacionalidades e as raças, o governo sionista de Ben-Gurion desencadeou uma verdadeira campanha de extermínio da população árabe que habita o Estado de Israel. Esta política deve aproximar-se da política racista dos hitleristas com relação à população judaica na Europa. [...] Os sionistas Ben-Gurion e o dr. N. Goldman, presidente do Congresso Judaico Mundial, dirigido pelos sionistas, estão de conivência com Adenauer que fez renascer o hitlerismo na Alemanha Ocidental [...] convém que sejam justamente os pretensos representantes das vítimas do hitlerismo a dar sua bênção ao fascismo hitlerista ressuscitado na Alemanha Ocidental."; Michal Mirski, O Sionismo: Instrumento do Imperialismo Americano, *Nowe Drogi*, revista teórica do Partido Operário Polonês Unificado, n. 1 (43), jan. 1953.

contava uma grande proporção de judeus. Neste ponto preciso, Khruschev, em 1956, empenhou-se em apressar a desestalinização: "Vocês têm muito Abramovitch aqui", declarava aos membros do Comitê Central polonês. Mas, no momento, o conselho do grande irmão foi seguido de forma imperfeita. Por conseguinte, algumas vozes se levantaram para reclamar "a proporcionalidade, segundo a origem étnica"; alguns sugeriam até "que as pessoas de origem judaica fossem obrigadas a retomar seus nomes antigos, a fim de facilitar-lhes a identificação"[3].

Em suma, quanto mais alto um judeu estava colocado na hierarquia comunista, quanto mais adquiria méritos ou dava provas de zelo, mais se tornava indesejável – na medida em que lutava por um sistema imposto pelo inimigo hereditário que fora outrora a Rússia. Havia também o caso dos judeus mais apagados, sem ambições políticas, que haviam sobrevivido à ocupação mediante uma falsa identidade "ariana", e a tinham conservado; isso também contribuía, em alguns lugares e momentos, para atrair as suspeitas.

Em 1956, ano da "primavera polonesa", Gomulka teve o bom senso de deixar saír os judeus sionistas, ou anticomunistas, ou aqueles que, simplesmente, preferissem viver sob outros céus. Mais da metade emigrou: o resto – uns trinta mil e, sob muitos aspectos, uma elite – ainda pôde optar entre a cultura ídiche, com seus jornais e teatros, e a cultura polonesa, na qual haviam sido formados e era ilustrada por homens

3 Ver F. Fejtö, *Les Juifs et l'antisémitisme dans les pays communistes*, p. 70-73.

como os professores Adam Schaff, Wladimir Brus ou o editor Adam Bromberg. Sua formação e suas simpatias os compeliam para o chamado campo "revisionista", ao lado de um Kotarbinski, de um Kolakowski e outros grandes intelectuais poloneses.

Assim transcorreria durante uns dez anos, até que a Guerra dos Seis Dias veio desencadear, na Polônia, as mesmas confusas paixões que em outros lugares. A política pró-árabe oficial seguia rigorosamente a linha de Moscou. O povo pendia para o lado de Israel: não foram os filhos da terra polonesa que derrotaram os protegidos dos russos? "*Nossos* judeus derrotaram *seus* árabes", dizia-se. No exército, os generais criticavam abertamente os instrutores e o material soviético, e admiravam, como profissionais, um trabalho bem feito. Enfim, em quase toda a parte, pessoas de julgamento independente ou de coração sensível, entre as quais se contavam alguns judeus, estremeceram diante da ideia de um novo massacre de judeus. Em 19 de junho de 1967, Gomulka pronunciava um discurso furiosamente antissionista e falava de uma "quinta coluna".

Dessa forma, esboçava-se uma conjuntura propícia a tornar o antissemitismo um meio de governo. A hora do general Moczar, ministro do Interior e chefe da "facção dos *partisans*", chegou durante os distúrbios universitários da primavera de 1968. O mal era internacional, da Califórnia ao Cairo, mas os bodes expiatórios variaram segundo os regimes. Em Varsóvia, a denúncia dos sionistas permitia acertar algumas velhas contas e além disso, tratava-se, infelizmente!, de uma tradição.

Com efeito, para acrescentar uma nota de desafio ao escândalo, foi dado o sinal de caça às bruxas pelo veterano antissemita Boleslaw Piasecki. Em 1936, no tempo dos "coronéis de Pilsudski", Piasecki havia fundado, na Polônia, uma "Falange" pró-fascista; na nova Polônia socialista, dirigia a organização pretensamente católica "Pax". Seu jornal foi o primeiro a anunciar que a agitação estudantil fora fomentada pelos sionistas, para se vingarem de Gomulka, e também para melhor justificar a Alemanha Federal, representando a Polônia como o verdadeiro inimigo do povo judeu[4].

Esse tema logo foi retomado por outros jornais. Os judeus compreenderam que a hora era grave quando, em 19 de março, Gomulka fez um discurso no mesmo sentido, acusando alguns estudantes, como Werfel, Smolar, Szlajter...[5]

Tratava-se de algo muito diferente de um Cohn-Bendit polonês; a campanha soviética de 1949-1953 servia-lhe de modelo. Antes de tudo, importavam os nomes. Mas os antissemitas poloneses sabiam se arranjar com mais sutileza do que seus correligionários russos. Assim, no caso de um judeu diretor de fábrica, J. Nowicki, de nome insuficientemente expressivo: "Não damos importância à questão de suas origens, porque sabemos que os abusos econômicos e a autocracia se manifestam independentemente da nacionalidade."[6]

4 Ver *Slowo Powszechne*, 11 mar. 1968.

5 Ver *Trybuna Ludu*, 20 mar. 1968.

6 *Trybuna Ludu*, 11 abr. 1968.

O leitor mais rude decifrava sem dificuldade essa mensagem: Nowicki é judeu e deve portanto ser despedido. Por trás dessas dissimulações semânticas esboçava-se a ideia essencial: era impossível assimilar os judeus. Aliás, um dos principais pontos de acusação do expurgo era a mudança de nome. Na França, a IV e a V República favorecem o afrancesamento dos nomes judeus; na Polônia socialista, sua polonização tornou-se um motivo oficial de demissão e de exclusão do partido. No texto das decisões, o motivo usa o nome de *carreirismo*, ficando os de *cosmopolitismo* e *sionismo* reservados para os delitos de contatos demasiado estreitos com o estrangeiro. Os termos variam; a prática é, na verdade, a da *arianização* nazista de antes da guerra.

O humor judeu não passava de um processo de atestação:

> Três judeus demitidos se encontram e discutem os motivos de suas demissões. Diz o primeiro: "Eu fui expurgado por sionismo, porque disse que o general Dayan era um homem honesto." Diz o segundo: "Eu fui expurgado por antissionismo, porque disse que o general Dayan era um patife." Diz o terceiro: "Eu fui expurgado por carreirismo e hipocrisia, porque não disse nada.'"

Os dirigentes e os universitários demitidos eram livres para se empregarem como mão de obra não especializada, ou para deixarem sua pátria. O governo lhes concedia vistos de saída somente para Israel, apresentando assim uma última prova de seu "sionismo"; mas, em 1968-1969, outros países, como a França, os acolhiam com bastante liberalidade. A Polônia estava se tornando definitivamente "judenrein". Dizer que Moczar e seus homens, que Gomulka deixava agir, continuavam a obra dos SS não passava de uma atestação, mesmo que a frase tenha um som patético. Da mesma forma, no que diz respeito à importância da certidão de batismo dos antepassados para a manutenção de empregos e dos postos, bem como com relação ao eco, pelo país, da caça às bruxas. Por conseguinte, propagou-se pelos campos mais recônditos a noção de uma Polônia governada por judeus. Nas cidades, tendia-se a julgá-lo de maneira diferente e, quando o popular jornal humorístico *Szjilki* publicou um desenho sem legenda, que representava um homem pisado por outro, os leitores foram unânimes em compreender que o judeu pisado encarnava a honra polonesa. Mas o desprazer das elites, sobre o fundo de uma certa atonia popular, apenas tornava mais odiosa a campanha das denúncias.

Em julho de 1968, na 12ª sessão do Comitê Central, Gomulka tentou impor um ponto final e falou de "algumas manifestações negativas" que tinham começado a macular a luta antissionista. Aqui é importante citar:

> Em algumas organizações do partido, em particular, nas organizações administrativas, a atmosfera da luta contra o sionismo é mantida artificialmente, escrevia o órgão oficial do partido. Não se faz diferença entre o judeu e o sionista. Além do mais, a desconfiança crítica e justificada, num caso concreto, para com a atividade de um membro do partido de origem judaica, se transforma numa desconfiança geral. Uma tarifa

> especialmente severa é aplicada a erros mesmo benignos de pessoas de origem judaica, erros que às vezes nem mesmo são notados em outros casos.
>
> Tais manifestações são mencionadas na carta da Executiva do Comitê de Varsóvia às organizações de base do partido. Nessa carta, temos uma avaliação correta dessas manifestações, e o conselho dado às organizações do partido para que reparem os erros cometidos.
>
> A envergadura de tais manifestações não é grande. Por isso mesmo, faz-se necessário pôr termo a elas, a fim de não criar falsos problemas e não ajudar o inimigo a fabricar novos mitos e novas lendas.[7]

Resta-nos examinar de mais perto os novos mitos e as novas lendas contra os quais punha em guarda o órgão do partido polonês; e identificar o inimigo que os fabricava. Serão suficientes dois documentos e algumas citações.

O primeiro documento era um artigo de Werblan, diretor da seção cultural do Comitê Central, publicado num mensário polonês e considerado suficientemente importante para ser logo parcialmente reproduzido num semanário soviético[8]. Sob o título "A Origem de um Conflito", desenvolvia alguns temas já tradicionais:

> Por um lado, é necessário eliminar do país os revisionistas, tanto quanto os sionistas e os cosmopolitas; e por outro é necessário defender contra toda e qualquer acusação injustificada todos aqueles que, por sua

7 Ver *Trybuna Ludu*, 9 jul. 1968.

8 *Miesiecznik Literacki*, jun. 1968; e *Kultura*, 23 jun. 1968.

> conduta geral e pela que adotaram em particular desde os acontecimentos de março, provaram sua lealdade à causa polonesa e seus laços afetivos com a Polônia. A atitude de cada um deve ser analisada com cuidado e toda tentativa de condenar quem quer que seja por causa de sua origem nacional deve ser garantida. [...] A população judaica é pouco numerosa. É indispensável uma revisão da má distribuição nacional dos quadros dirigentes nas instituições e ela diminuirá consideravelmente a gravidade do problema.

Mas uma frase curta, relativa à Polônia burguesa de antes da guerra, ia mais longe:

> Deve-se dizer abertamente que não era correta a composição nacional do partido comunista polonês nos territórios essencialmente poloneses. Ao considerar essa questão do ponto de vista da proporcionalidade, constata-se que o partido comunista polonês gozava de maior influência entre a minoria nacional judaica do que entre a população polonesa.

Essa constatação ou essa lógica parece convidar os comunistas judeus, especialmente no mundo anglo-saxônico, a devolver ao partido seus cartões de filiação, a fim de evitar-lhe problemas futuros. Na França e na Itália, era preciso examiná-los de mais perto e consultar para tanto os registros das paróquias e dos consistórios.

O segundo documento é uma brochura confidencial, dirigida aos funcionários do Partido encarregados das investigações e dos expurgos. Seu título é: *O Sionismo,*

Sua Gênese, Seu Caráter Político e Sua Fisionomia Antipolonesa, seu autor é Wladislaw Kmitowski. Datada de abril de 1968, conta vinte e seis páginas. Temos neste momento uma fotocópia diante de nossos olhos.

Wladislaw Kmitowski expõe à sua maneira a história do sionismo e no fim seu trabalho se torna particularmente interessante. Assim, na passagem onde escreve:

> O sionismo contemporâneo pede a todos os judeus que tenham sentimentos de consciência nacional judaica, mas diz abertamente, ao mesmo tempo, que apenas uma parte poderá tornar-se cidadã do Estado de Israel. A segunda parte, de longe a maior, deve residir em outros Estados, não porque falte lugar na Palestina, mas intencional e deliberadamente, a fim de salvaguardar a hegemonia financeira mundial que os judeus detêm. Tal como admite um sociólogo francês muito conhecido de origem judaica, cuja consciência judaica despertou "de maneira inesperada", os sionistas acreditam que chegou o tempo da realização das promessas feitas por Jeová ao "povo eleito", e do reinado dos judeus sobre os *góim* no mundo inteiro.[9]

Ao dizer a mesma coisa, os serviços de Goebbels eram mais cuidadosos na escolha das citações e das referências[10]. Algumas linhas mais adiante, a ideia é precisada

9 Ver G. Friedmann, *Fin du peuple juif?*, Paris: Gallimard, 1965, p. 258.

10 Por que não se reportar à fonte, isto é, à obra citada? O título do capítulo é "Os Problemas Religiosos", o subtítulo, "Um Combate de Retaguarda". Afirma Friedmann: "A ortodoxia oficial tanto quanto as seitas místicas parece querer preservar sua pureza de todo e qualquer contato ▸

por meio de uma citação menos aberrante; é verdade que se tratava de um escrito muito mais conhecido:

> Um programa desses é, com efeito, um programa de dominação mundial. E proclamado abertamente e, nos momentos decisivos – como o vimos por ocasião da última agressão israelense –, é aplicado com total sucesso. No mundo capitalista, terão chegado os tempos profetizados nos *Protocolos dos Sábios de Sião*, onde "os *goyim* curvarão humildemente suas cabeças ao nosso jugo e eles mesmos nos pedirão que reinemos sobre eles?"

Para afastar da Polônia socialista a ameaça, Kmitowski indica aos funcionários responsáveis como descobrir a pista dos sionistas:

■ ■ ■

▹ com os construtores cujos fins têm, no entanto, um valor moral indiscutível e coincidente com elãs espirituais milenares. O perigo dessa cesura fora percebido pelo grão-rabino Kook, bastante forte para denunciar os erros de seus amigos, diz ele: 'Os operários que consertam as brechas da casa de Israel são os artesãos da casa de Deus'. A qualidade moral dos homens (mesmo que fossem não observantes), que, por meio de lutas e dissabores, dotaram Israel de suas instituições originais merece ser considerada pelos crentes como estranha à espiritualidade do povo israelense? Aqueles que proclamam sua vontade de fazer de Israel um Estado 'diferente dos outros' não serão os melhores (e talvez hoje os únicos) operários de um futuro messiânico?

"Em outras palavras, em Israel, não existe judaísmo social nos meios religiosos. Ficamos surpresos ao não encontrar nesse país, entre a juventude crente, um movimento que se proponha insuflar um espírito novo à religião, restaurar, adaptando-a às buscas de justiça social no mundo moderno, a grande tradição universalista e profética. Não foi em Israel que ouvi proclamar a necessidade de ver a Terra Santa percorrida por 'rabinos missionários que reconduzissem os trabalhadores das cidades e dos campos à fé dos seus antepassados'. Foi sob a pena de um filósofo francês que li esse alerta dirigido aos judeus religiosos de Israel, esta denúncia de seu retrocesso: 'O Reino de Deus não é de outro mundo. ▸

As personagens que, recentemente, foram seduzidas por atividades antipolonesas de caráter subversivo-sionista nunca são pretensos sionistas ou cosmopolitas. Ao contrário, sempre pretenderam ser poloneses que, no máximo, têm apenas alguns antepassados judeus esquecidos há muito. Para valorizar sua polonicidade afetiva, davam-se muitas vezes ao luxo de adotar os nomes da nobreza polonesa, ou mesmo dos chefes de guerra poloneses ou, com menor frequência, dos plebeus poloneses. Esses fatos confirmaram mais uma vez a justeza da teoria do *comportamento*, aplicada pela Polônia popular.[11]

▪▪▪

▷ Mas ele não se estabelece tampouco em torno de um homem e de um grupo isolados, salvaguardando a *Halakhá* para si mesmos e temendo torná-la impura em contato com a massa de um povo que se ateizou.'

"O Reino de Deus é deste mundo: para um judeu crente, a humanidade se dirige de maneira irreversível para os tempos messiânicos. Alguns chegam mesmo a pensar que, com o Retorno e a criação do Estado de Israel, ela já ingressou nessa época. Como, perguntam-se outros, um Estado pode ser messiânico? Não existe uma contradição nos termos? Um Estado, sobretudo se seu território é exíguo e ameaçado, aceita inevitavelmente alguns *meios* (por exemplo, armas cada vez mais mortíferas, serviços secretos), que nada têm a ver com uma vocação universalista.

"Mas os crentes já discernem os primeiros sinais de uma realização das Promessas em algumas empresas do Estado. As missões de peritos israelenses em diversos países do Terceiro Mundo, sobretudo na África negra, já manifestariam uma irradiação, uma abertura para o universo, uma busca da paz fraterna, que, nos tempos messiânicos, associados à justiça social, se tornam o objetivo da história. Hoje Israel não pode, como o fazem as grandes potências opulentas, fornecer armas ao Terceiro Mundo, dinheiro, máquinas onerosas: envia-lhe seus homens, escolhidos entre os melhores, capazes de transmitir a experiência dos pioneiros." Ibidem, p. 257-259.

11 Wladyslaw Kmitowski, *Syonizm, jego geneza, charakter polityczny i antipolskie obticze* (do uzytku wewnetrznego). Polska zjednoczona partia robonicza, lodski osrodek propagandy partyjnej, Kwiecien, 1968, p. 19-20 e 17.

Convém, talvez, concluir com Edouard Drumont que, também ele, se irritava com o socialismo:

> Todo judeu que se vê, todo judeu reconhecido é relativamente pouco perigoso, às vezes é até estimável; adora o Deus de Abraão, é um direito que ninguém pensa em lhe contestar, e visto que se sabe como agir a seu respeito, é possível vigiá-lo. O judeu perigoso é o judeu vago [...] É o animal nocivo por excelência, e ao mesmo tempo o animal inapreensível [...] é o mais poderoso elemento de distúrbio que a terra produziu, e atravessa assim a vida com a alegria que dá aos judeus a consciência de sempre ter feito mal aos cristãos, sob diversas formas.[12]

Talvez Drumont se tivesse deliciado com esta anedota, judia e brutal, que só podem compreender direito aqueles que sofreram sob Hitler e sob Stálin, como este amigo polonês e cristão que me contou:

> Em Varsóvia, encontram-se dois judeus demitidos recentemente: um está em andrajos, o outro resplandecente. "O que você anda fazendo?, pergunta um ao outro. – Sou varredor de rua; e você? – Eu vivo de rendas. No tempo dos nazistas, fui escondido e salvo por um vizinho cristão que agora ocupa altas funções políticas, no seio do Partido. Então, eu o faço pagar".

■ ■ ■

12 E. Drumont, *La France juive*, Paris: Flammarion, 1943, t. 1, p. 322.

Este livro foi impresso na cidade de São Bernardo do Campo,
nas oficinas da Paym Gráfica e Editora, em setembro de 2025
para a Editora Perspectiva.